LENGUAJE CORPORAL

Aprenda el secreto para comunicarse y atraer a las personas

(Guia para leer la comunicación no verbal)

Haig Ruiz

Publicado Por Daniel Heath

© **Haig Ruiz**

Todos los derechos reservados

Lenguaje corporal: Aprenda el secreto para comunicarse y atraer a las personas (Guia para leer la comunicación no verbal)

ISBN 978-1-989853-25-2

Este documento está orientado a proporcionar información exacta y confiable con respecto al tema y asunto que trata. La publicación se vende con la idea de que el editor no esté obligado a prestar contabilidad, permitida oficialmente, u otros servicios cualificados. Si se necesita asesoramiento, legal o profesional, debería solicitar a una persona con experiencia en la profesión.

Desde una Declaración de Principios aceptada y aprobada tanto por un comité de la American Bar Association (el Colegio de Abogados de Estados Unidos) como por un comité de editores y asociaciones.

No se permite la reproducción, duplicado o transmisión de cualquier parte de este documento en cualquier medio electrónico o formato impreso. Se prohíbe de forma estricta la grabación de esta publicación así como tampoco se permite cualquier almacenamiento de este documento sin permiso escrito del editor. Todos los derechos reservados.

Se establece que la información que contiene este documento es veraz y coherente, ya que cualquier responsabilidad, en términos de falta de atención o de otro tipo, por el uso o abuso de cualquier política, proceso o dirección contenida en este documento será responsabilidad exclusiva y absoluta del lector receptor. Bajo ninguna circunstancia se hará responsable o culpable de forma legal al editor por cualquier reparación, daños o pérdida monetaria debido a la información aquí contenida, ya sea de forma directa o indirectamente.

Los respectivos autores son propietarios de todos los derechos de autor que no están en posesión del editor.

La información aquí contenida se ofrece únicamente con fines informativos y, como tal, es universal. La presentación de la información se realiza sin contrato ni ningún tipo de garantía.

Las marcas registradas utilizadas son sin ningún tipo de consentimiento y la publicación de la marca registrada es sin el permiso o respaldo del propietario de esta. Todas las marcas registradas y demás marcas incluidas en este libro son solo para fines de aclaración y son propiedad de los mismos propietarios, no están afiliadas a este documento.

TABLA DE CONTENIDO

Parte 1 1

Introducción 2

LENGUAJE CORPORAL: DESCRIPCIÓN GENERAL 7
LENGUAJE CORPORAL DEFINIDO 8
DECODIFICANDO EL LENGUAJE CORPORAL...................................... 10

Interpretación Del Lenguaje Corporal: Descodificación De Señales No Verbales 11

LENGUAJE CORPORAL BÁSICO 12
EL ROSTRO... 13
MIRAR A LOS OJOS 14
CONVERSACIONES ORALES 15
PIERNAS Y BRAZOS 16
LA POSTURA... 17
DISTANCIA O ESPACIO 17
GESTOS CON LAS MANOS 18
SONRISAS 20

El Lenguaje Corporal Y El Dominio De Las Entrevistas De Trabajo... 20

PRIMERA IMPRESIÓN –ENTRADA 21
EL SALUDO DE MANO PESA MUCHO 22
DURANTE LA ENTREVISTA... 23

Terminando La Entrevista - El Punto De Vista De Los Entrevistadores... 24

Las Citas Amorosas Y El Arte Del Lenguaje Corporal: Para Hombres Y Mujeres 26

CONTACTO VISUAL... 26
GESTOS DELICADOS Y QUE BUSCAN ATENCIÓN 27
LADEAR LA CABEZA E INCLINARSE 28

Mirar El Bolso De La Mujer 29

- Dirección De Los Pies 29
- Postura Muy Abierta 30

Los Negocios Y El Arte Del Lenguaje Corporal 31

- Contacto Visual 32
- Expresiones Faciales 33

Movimientos De La Cabeza Y De Las Manos 34

- Guarda Tu Teléfono 35
- Consejos Finales 36
- Ten Confianza 36
- Mantente En El Lado Positivo 36

Contacto Visual 37

- Sonríe 37
- Advierte Las Expresiones Espejo 38

Conclusión 39

Parte 2 41

Movimientos Corporales Y Gestos 60

Expresiones Faciales Y Contacto Visual 64

Espacio Personal 67

Contacto Físico 70

Diferencias Culturales 71

Cómo Mejorar El Lenguaje Corporal 73

Tomar Consciencia Sobrecómo Cruzar Los Brazosy Las Piernas 75

Hacer Contacto Visual 76

Relajar Los Hombros 76

No Encorvarse 77

Mirar De Frente Al Interlocutor 77

Inclinarse Hacia Adelante 77

Controlar El Movimiento De Los Dedos............................. 77

No Inclinar La Cabeza (Demasiado) 78

Estrechar Las Manos Firmeo Coordinadamente 78

Sentarse En Una Posición Comprometida 79

¡Relajarse!.. 80

Estudiar Los Ojos 81

Contemplar El Rostro.. 83

Prestar Atención A La Cercanía.. 84

Observar Si La Otra Persona Nos Imita 85

Observar El Movimiento De La Cabeza.............................. 85

Observar Los Pies De La Otra Persona 86

Observar Las Señales De Las Manos.................................. 87

Examinar La Posición De Los Brazos 89

Abiertoocerrado 94

Sinceridad Odeshonestidad.. 104

Aliado U Opositor 107

Poderosoo Servicial 110

Comprometidoo No Comprometido 112

¿Qué Es La Verdadera Autoconfianza, La Principal?........ 117

Actitudes Autolimitantes Y Autorestrictivas.................... 118

¡Descubrir Tu Identidad!... 120

La Principal Autoconfianza Mediante La Independencia.. 123

La Influencia Del Subconsciente 124

Porqué La Comunicación Es Importante 130

Cuatroobjetivos De La Comunicación 131

Sercomprendido 132

Seraceptado 133

Habertenido Algún Logro 134

Entender A Los Demás 135

El Camino Para Desarrollar Mejores Habilidades De
Comunicación Interpersonal 136

Tener Habilidades 139

Establecer Habilidades De Comunicación Efectivas 141

Tener Una Visión Clara 146

Saber Utilizarlas Fortalezas Y Los Dones 146

Serapasionado 147

Vivirde Acuerdo Con Tu Moral Y Tus Valores 147

Servircomo Modelo A Imitar 148

Establecer Objetivos Definitivos Y Seguir Planes De Acción
Concretos 148

Manteneruna Actitud Positiva 149

Mejorar Las Habilidades De Comunicación 149

Motivar A Otros Hacia La Grandeza 150

Estar Predispuesto A Admitir Y Aprender De Los Errores Y
Debilidades 150

Continuar Educándose Y Mejorándose A Si Mismo 151

Parte 1

Introducción

No todo lo que ves o escuchas es real, en ocasiones, hay un significado oculto en cada acción y en las palabras o expresiones faciales.

A veces, verás a una persona sonriente, pero esta no es la verdadera emoción cuando la examinas de cerca. Las señales no verbales a veces se pasan por alto, pero aprender a descifrar estos códigos realmente puede hacer que sobresalgas en cualquier actividad, ya sea como estudiante, empresario o una persona promedio. De hecho, te sorprenderás de cómoel conocimiento sobre la comunicación no verbal puede ayudarte a persuadir a una mujer, incluso a ganarte el corazón de un socio comercial, o algo más.

El punto de fondo es el saludo de mano, el guiño de los ojos, la dirección de la palma de la mano, o la forma en que una persona gira a los lados, tiene un significado. Depende de ti vigilar estas señales. Evalúa el significado real y los sentimientos que están detrás del lenguaje corporal de cada persona y mantente al tanto del juego.

Decodificar el lenguaje corporal es fácil y sencillo. Este libro contiene pasos probados y estrategias sobre cómo convertirse en un experto en lectura de lenguaje corporal en forma rápida y fácil, haciéndolo a tu favor.

La razón por la que te encuentras en esta página es que esperas convertirse en un maestro del lenguaje corporal; deseas saber lo que realmente significa una persona. Bueno, esta es tu oportunidad única para finalmente hacer que suceda. Esta guía te servirá de ayuda para leer los movimientos y reacciones de las personas. Ni te imaginas siquiera, ya eres un experto en conversar con las personas al saber lo que realmente quieren decir.

Es tu turno hacer que las cosas sucedan y conversar con personas utilizando tu conocimiento del lenguaje corporal o señales no verbales. Esta es una habilidad que te dará un mucho éxito en el futuro, sea cual sea tu actividad.

Quiero agradecerte y felicitarte por descargar el libro, "*Master the Art of Body Language: Learn How to Analyze and Understand Non-Verbal Communication, Discover How to Read People Fast and Understand What Everybody is saying*". *(Domina el arte del lenguaje corporal: aprende cómo analizar y comprender la comunicación no verbal, descubre cómo leer rápido a las personas y entiende lo que todos están diciendo"*).

¡Espero que lo disfrutes!

Derechos de autor 2020 - Todos los derechos reservados.

Este documento está orientado a proporcionar información exacta y confiable con respecto al tema y asunto cubiertos. La publicación se vende con la idea de que el editor no está obligado a prestar servicios calificados, oficialmente permitidos, u otros servicios calificados. Si es necesario el asesoramiento, legal o profesional, debe acudirse a una persona experta en la profesión.

- A partir de una Declaración de Principios que fue aceptada y aprobada igualmente por un Comité del Colegio de Abogados de Estados Unidos y un Comité de Editores y Asociaciones.

De ninguna manera es legal reproducir, duplicar o transmitir cualquier parte de este documento, ya sea por medios electrónicos o en formato impreso. La grabación de esta publicación está estrictamente prohibida y no está permitido el almacenamiento de este documento, a menos que tengas permiso por escrito del editor. Todos los derechos son reservados.

La información proporcionada en este documento se considera veraz y coherente, ya que cualquier responsabilidad, en términos de falta de atención o de otro tipo, por el uso o abuso de cualquier política, proceso o dirección contenida en el mismo, es responsabilidad exclusiva y absoluta del lector receptor. Bajo ninguna circunstancia se hará responsable o culpable legalmente al editor por alguna reparación, daño o pérdida monetaria, debido a la información que aquí se contiene, ya sea directa o indirectamente.

Los autores respectivos son dueños de

todos los derechos de autor que no tenga el editor.

La información que aquí se contiene se ofrece únicamente con fines informativos, y es universal como tal. La presentación de la información se realiza sin contrato ni ningún tipo de garantía.

Las marcas comerciales que se utilizan no tienen ningún tipo de consentimiento, y la publicación de la marca registrada no tiene autorización ni respaldo por parte del propietario de la marca. Todas las marcas registradas y otras marcas de este libro son solo para fines de aclaración y pertenecen a los mismos propietarios, no están afiliadas a este documento.

Lenguaje corporal: descripción general

¿Por casualidad hablas con alguien sin realmente pronunciar palabras y aun así funciona? ¿Y alguna vez has pensado por qué las canciones famosas dicen que hay "verdad en los ojos"? Bueno, la respuesta es: lenguaje corporal.

Todas las personas son capaces de decir o expresar sentimientos o emociones a través del cuerpo. En ocasiones, es mucho más simple no decir nada que demasiadas palabras. El problema radica en los que reciben tales acciones. La mayoría de las veces, el conflicto surge cuando el receptor no tiene mucho conocimiento sobre la decodificación del lenguaje corporal. Si eres uno de los que tiene dificultades, este libro te mostrará los secretos.

Lenguaje corporal definido

Por definición, el lenguaje corporal es un tipo de comunicación que no usa palabras. Puede ser cualquier acción o expresión del cuerpo a la que una persona da sentido. Estas señales no siempre se entregan intencionalmente y la mayoría de las veces no se ven y se interpretan incorrectamente.

Esencialmente, las señales no verbales son elusivas, complejas y vienen con varios canales. Hay ocasiones en que éstas se rigen por un cierto conjunto de reglas, pero la mayoría de las veces no están estructuradas y pueden aprenderse de forma innata o por algunas circunstancias.

Con todo esto, ya no es una sorpresa el por qué el lenguaje corporal encantó a muchos. El conocimiento de descifrar el lenguaje corporal se puede aplicar de muchas maneras, como al determinar lo que piensa tu maestro de tu informe, o si tu jefe aprueba tu presentación. Hay muchos casos en que el lenguaje corporal puede jugar un papel muy importante. En algunos casos, el remitente de las señales puede no estar totalmente consciente del mensaje, tanto como los receptores.

Por ejemplo, una persona puede no darse cuenta de que su pupila se dilata cuando se siente emocionada. Por otro lado, un receptor puede no estar consciente de que las pupilas se dilatan junto con la sensación de emoción. Así es como funciona el lenguaje corporal en casi todos los casos.

Decodificando el lenguaje corporal

Ahora, ¿sería genial aprender algunas habilidades de decodificación del lenguaje corporal? Sí, realmente hay una forma de aprender estas señales tácitas. A medida que aprendas, notarás que te estás comunicando mucho mejor y que expresas tus sentimientos y pensamientos de la misma manera. Es una herramienta poderosa, que puede ser más poderosa que el habla, ya que lo que se transmite a las personas y viceversa no tiene que ver con las palabras.

La comunicación exitosa es solo uno de los principales beneficios de aprender el lenguaje corporal. La comunicación efectiva no solo consiste en absorber las palabras y su significado, sino también en traducir las acciones en palabras y significado. Por ejemplo, tu hijo llega a casa de la escuela y le preguntas cómo le fue en los exámenes, él responde "ok". Cuando lo miras a la cara, lo que ves es esa mirada triste, como si el mundo se hubiera desgarrado. ¿Interpretarías que a tu hijo realmente le fue bien en los exámenes? Por lo tanto, aprender a descifrar señales no verbales podría convertirte en un padre más inteligente. Podrías preguntar cuál podría ser el problema al instante y actuar.

Aprender el lenguaje corporal es solo una de las muchas cosas que podrían ayudarte a sobrevivir cada día, de innumerables maneras.

Interpretación del lenguaje corporal: descodificación de señales no verbales

Tomar nota de las señales que las personas brindan a través del lenguaje corporal puede llevar a una comunicación más fluida y efectiva. Recuerda que el lenguaje corporal representa más del 50% de la forma en que se comunica cada persona. En este capítulo, aprenderás a leer e interpretar el lenguaje corporal, para que puedas averiguar con precisión lo que la otra parte está diciendo, en casi cualquier situación.

Estas son algunas de las cosas que debes tener en cuenta:

Lenguaje corporal básico

En general, hay dos tipos de emociones: positivas y negativas. Ahora, tu objetivo es identificar si la persona con la que estás conversando se siente cómoda o no. Aquí hay algunas señales que debes revisar:

Señales positivas:

- Se inclina hacia ti.

- Miembros sin cruzar y relajados.

- Contacto visual establecido.

- Sonrisa auténtica y cálida.

- Apartar la vista por timidez.

Señales negativas:

- Se aleja de tu dirección.

- Piernas/brazos cruzados

- Frotarse partes del cuerpo como los ojos, nariz, etc.

- Pies en dirección opuesta a ti.

- Mira de lado a lado.

El rostro

El rostro podría decir mucho, una sola expresión puede significar una cosa y mucho más. Por lo tanto, debes ser observador de las expresiones faciales y emociones detrás de esto. Detectar emociones como alegría, tristeza, ira y miedo, es bastante fácil, ya que parece haber una forma universal de expresión para mostrar esto en todo el mundo.

Otras emociones comunes a observar a través de la cara incluyen lo siguiente: confusión, deseo, emoción, desdén y sorpresa entre otras.

Mirar a los ojos

Los ojos podrían revelar mucho sobre cómo una persona piensa y siente. Por lo tanto, debes practicar mirar a los ojos de la persona en una conversación y notar algunas cosas como las siguientes:

- Forma de parpadear: Bueno, parpadear es innato. Pero debes prestar atención a la forma en que una persona parpadea. Por ejemplo, las personas con parpadeo rápido pueden sentirse agitadas o con dolor. Si una persona parpadea menos que lo normal, puede concentrarse o tratar de ocultar algo como sentimientos de emoción o cualquier otra cosa.

- La mirada: una persona que constantemente mira hacia otro lado o rompe el contacto visual, puede sentirse incómoda o esconder algo. Por otro lado, una persona que mira demasiado tiempo puede hacer que te sientas amenazado. Una persona que mira directamente a los ojos puede significar que está enfocando su atención, o que está interesada.

- Dilatación de la pupila: el tamaño de la pupila tiene algo que ver con la forma en que se siente una persona. Pupila dilatada significa que la persona está emocionada o interesada. Pero luego, toma nota de las cosas que pueden causar la dilatación de la pupila, como el alcohol y las drogas, tales como la anfetamina y la cocaína.

Conversaciones orales

La boca puede realmente hablar incluso sin palabras. Aquí hay algunas cosas a las que debes prestar atención:

- Morderse los labios: las personas que se muerden constantemente los labios están estresadas o preocupadas.

- Fruncir los labios: esta expresión de la boca puede ser un signo de desaprobación o disgusto.

- Abajo o arriba: una persona que es feliz o

se siente positiva, a menudo tiene la boca hacia arriba. Por otro lado, una persona con la boca hacia abajo puede significar que está triste, expresando desconfianza o desaprobación.

- Ocultar la boca: en algunos casos, te encontrarás con personas que se cubren la boca. Si es así, esto puede significar que están ocultando lo que realmente sienten. Detrás de la cubierta, pueden estar sonriendo.

Piernas y brazos

Las piernas y los brazos son muy útiles para transmitir mensajes no verbalmente. Aquí hay algunas señales sutiles que indican algo si estás atento:

- Piernas/brazos cruzados: estas señales pueden indicar algo de lo siguiente: que necesitan privacidad, protección, o que no están interesados en absoluto.

- Dedos inquietos: Esto significa aburrimiento, frustración o impaciencia.

- Agarrarse las manos detrás de la espalda: esto puede significar enojo, aburrimiento, o ansiedad, según la situación.

La postura

La forma en que una persona va con su cuerpo también es esencial. Hay muchas formas de postura, pero estas pueden resumirse hasta en dos:

- Cerrada: Esto simplemente significa tener las extremidades cruzadas o el cuerpo inclinado hacia adelante. Tal postura puede significar ansiedad u hostilidad.

- Abierta: esta postura involucra un cuerpo expuesto que indica presteza, sinceridad y accesibilidad.

Distancia o espacio

La distancia entre las personas mientras se comunican, también cuenta cuando se observa el lenguaje corporal. Echa un vistazo a continuación:

- Íntima: esta se ve comúnmente en personas que tienen relaciones cercanas. El espacio íntimo es donde tocar y abrazar es aceptable.

- Personal: este tipo de espacio es donde se incluye a los amigos y familiares. Cosas como sentarse cerca, o uno frente al otro, entra en esta categoría.

- Social: este tipo de espacio es aplicable a personas que son colegas o conocidos. Dicho espacio debe ser observado cuando hables con tu profesor, tu jefe o compañero de oficina, etc. La distancia que cubre es generalmente de 10 a 15 pies.

- Pública: algunas situaciones que involucran espacio público incluyen, hablar frente a una gran multitud, o hacer presentaciones a una multitud, etc.

Gestos con las manos

Los gestos con las manos pueden ser algo como señalar con el dedo, saludar, o señalar cantidades numéricas. Sin embargo, hay algunos gestos que pueden significar algo diferentede un lugar a otro. Echa un vistazo a estas señales:

- Pulgar hacia abajo/arriba: Hacia abajo significa desaprobación, mientras que Hacia arriba significa lo contrario.

- Puño apretado: esta forma puede significar enojo o, en algunos casos, convicción.

- Signo "Bien u Okey": el signo universal de bien, significa positivo o de acuerdo. Sin embargo, en Sudamérica, este es un signo vulgar, mientras que en los países europeos, esto significa menospreciar a la persona con la que se está hablando.

- Gesto en V: Para muchos, esto significa victoria, mientras que en países como Australia y Reino Unido, este gesto es vulgar, especialmente cuando la mano se coloca sobre la cara.

Sonrisas

Puede que no lo sepas, pero hay sonrisas falsas y genuinas, también conocidas como "Duchenne". ¿Por qué es importante saber cuál sonrisa es real o cuál no? Bueno, según los estudios, los mentirosos a menudo pueden ser atrapados a través de su sonrisa.

Es fácil: los expertos dicen que las sonrisas falsas indican que una persona está mintiendo. Las sonrisas reales son las que involucran los ojos. Básicamente, una sonrisa es genuina si ves algunas arrugas alrededor de los ojos a medida que las mejillas suben. Si ves lo contrario, una mentira puede estar sucediendo en este momento.

El lenguaje corporal y el dominio de las entrevistas de trabajo

Las entrevistas de trabajo son realmente angustiosas, ya que puede ser difícil convencer a tu posible empleador de que tú debes ser el elegido. La experiencia puede ser incómoda en la mayoría de los casos y es posible que no notes que estásdando señales negativas no verbales.

Mostrar un lenguaje corporal positivo podría hacer una gran diferencia entre una entrevista de trabajo fallida y una exitosa. A continuación, se incluyen algunos consejos y sugerencias sobre el lenguaje corporal que puede tener en cuenta al realizar una entrevista. ¡Deja que tu cuerpo se mueva y hable!

Primera impresión –Entrada

La entrevista comienza incluso antes de que ingreses a la sala de entrevistas. Por lo tanto, debes pararte o sentarte recto y firme y evitar los dedos nerviosos y la inquietud. Se lo más tranquilo y confiado posible. Este no es el momento de jugar con tu currículum vitae o portafolio que puedas tener en el momento.

En la medida de lo posible, no coloques tantas cosas sobre las piernas, para que puedas evitar ser torpe o que se te caigan las cosas al levantarte. Esto te permite saludar al entrevistador de una manera más elegante.

El saludo de mano pesa mucho

Dominar el saludo de mano - ¡eso es todo! El saludo de mano podría hacerte tener éxito o fracasar, así que presta mucha atención a este asunto. Evitalo que se llama "agarre de la muerte" o sujetar la mano del entrevistador con demasiada fuerza y sacudirla de una manera muy agresiva. Esto podría significar que estás demasiado nervioso o incómodo.

Intenta actuar de la manera más cómoda posible. Es mejor usar la mano derecha y sostener lo que tienes con la otra mano. La palma debe estar un poco hacia arriba y dejar que los entrevistadores cubran tu mano, ya que es una señal de respeto. No cometas el error de usar tu mano izquierda para cubrir la mano del entrevistador, mientras estás saludando con tu mano derecha, esto puede interpretarse como tomar el control.

Durante la entrevista

Ahora, presta atención a estas cosas, especialmente cuando la entrevista está en curso:

- Postura: ir neutral. Evita encorvarte, ya que puedes parecer perezoso, y evita inclinarte hacia adelante, ya que puede mostrar arrogancia por tu parte.

- Contacto visual: Establece contacto visual, pero no mires fijamente. Simplemente haz contacto visual hasta que crees la conexión. Mirar fijamente puede ser molesto e intimidante.

- No señales: no uses los dedos para señalar, ya que muestra demasiada agresividad.

- Brazos/piernas cruzadas: no lo hagas. Estas señales del cuerpo significan resistencia o falta de voluntad.

- No asientes demasiado con la cabeza: no asientes como si fueras un títere. Dos veces es suficiente y asegúrate de acompañarlo con una bonita sonrisa.

- No juguetees: no juegues con los dedos ni toques tu regazo. Sobre todo no te muerdas las uñas.

- Posición de la mano: No te metas las manos a los bolsillos ni las pongas detrás de la espalda. Deja que cuelguen libremente y lo más relajado posible, mientras hablas.

- Haz que coincidan - Es importante relacionar tus reacciones con lo que estás diciendo. No digas que estás entusiasmado con algo cuando parece que estás asistiendo a un funeral.

Terminando la entrevista - El punto de vista de los entrevistadores

Cuando termine la entrevista, no olvides levantarte suavemente y dejar una sonrisa. No olvides darle la mano al entrevistador y evitar preguntar, o dejar que se dé cuenta de que estás ansioso por saber cómo fue la entrevista. Déjalo para más tarde.

Ahora, ¿cuáles son las posibilidades de obtener el trabajo? Ten cuidado con estas señales sin afectar tudesempeño durante la entrevista:

- Rostro: si el entrevistador asiente o sonríe con frecuencia, entonces es buena señal. Por otro lado, si el entrevistador levanta una ceja o se muestra desinteresado, entonces presta atención.

- Ojos: idealmente, el entrevistador debería establecer contacto visual contigo si está interesado. Si no, te darás cuenta de que sus ojos vagan por la sala de entrevistas.

- Gestos: presta atención a los gestos positivos, como asentir con la cabeza, sonreír, tomar notas, etc. Sin embargo, ten cuidado cuando el entrevistador se incline hacia atrás, cruce las piernas o los brazos, o incluso tenga expresiones faciales que no coincidan con sus palabras.

- Postura: preferiblemente, el entrevistador debe estar sentado de manera relajada, ligeramente inclinado hacia adelante. Cuidado con las señales negativas, como encorvarse y cruzar los brazos.

Las citas amorosas y el arte del lenguaje corporal: para hombres y mujeres

Aprender sobre el lenguaje corporal puede realmente perfeccionar tus habilidades en tus citas amorosas, ya seas hombre o mujer. Hay toneladas de señales no verbales que podrían indicar que una persona está realmente interesada en ti. ¿No sería agradable detectar instantáneamente si la persona con la que estás saliendo está realmente interesada?

Te sorprenderá cómo estas señales no verbales pueden darte la respuesta, si le atraes o no a un chico o una chica. Echa un vistazo a estas cosas:

Contacto visual

Puedes encontrar que una persona que te mira con timidez o torpeza es una persona a la que realmente le atraes. Si ves que la persona con la que estás te mira cuando pareces mirar hacia otro lado, ¡entonces hay una posible pareja de amor!

Además, trata de mirar de cerca a los ojos de la persona: si observas que la pupila se agranda, bien por ti, esta es una señal de que le gustas a esa persona. Entonces, aprovecha a las chicas y los chicos a quienes les gustaría jugar ese juego de miradas. ¡Puedes atraparlos fácilmente con este truco del lenguaje corporal!

Gestos delicados y que buscan atención

Una persona a la que le atraes realmente buscará una manera de acercarse a ti y a tu cuerpo, por supuesto. Por ejemplo, una chica o un chico harán un esfuerzo para que tus hombros se encuentren al conversar. O probablemente, alguien con quien estás saliendo está realmente contigo cuando ves sus gestos abiertos, como cuando se te pone frente a ti, con los brazos relajados y las piernas abiertas.

Esa persona con la que estás saliendo

también hará cosas como rosar tu brazo a propósito o accidentalmente si le gustas, así que pendiente con estas señales sutiles. Las chicas también se arreglarán constantemente el cabello, mientras que los chicos seguirán ajustando su camisa o cualquier cosa que esté en su cuerpo para atraer tu atención.

Ladear la cabeza e inclinarse

Estas señales podrían observarse mejor al tener una conversación cara a cara con tu cita amorosa. Cuando una persona con la que estás saliendo se inclina hacia ti, entonces hay un posible interés. Esta es una gran señal de que una persona tiene un interés oculto en ti y en lo que estás diciendo.

Ladear la cabeza también significa que la persona con la que te encuentras quiere hacerte saber de su presencia. Por otro lado, si deseas que tu cita amorosa se dé cuenta de ello, asegúrate de no ladear la cabeza, mirando por encima de la cabeza de la otra persona o explorando el área, ya que la otra persona puede interpretarlo como falta de atención o interés.

Mirar el bolso de la mujer

Al instante puedes saber si una mujer está interesada si observas cómo sostiene su bolso. Por ejemplo, una dama que no se siente atraída o no se siente cómoda contigo, sostendrá su bolsa o bolso justo a un lado, o justo delante de su cuerpo.

Por otro lado, una mujer que se siente atraída por ti, sostendrá su bolso sin apretar y se asegurará de que su bolso no bloquee su vista. Esta es su forma de llamar tu atención.

Dirección de los pies

Podrías distinguir si atraes a tu cita amorosa observando sus pies. El secreto aquí es darse cuenta hacia dónde apuntan los pies. Si los pies apuntan a otra dirección y no hacia a ti, como hacia la puerta de salida o hacia cualquier otro lugar, el chico o la chica no estáinteresado o interesada en ti.

Pero si ves que sus pies están apuntando hacia ti, ¡es tu día de suerte! Es una señal de que esa persona está realmente atraída y está dispuesta a conocerte mejor.

Postura muy abierta

Es una reacción natural que el cuerpo se abra completamente cuando se está interesado. Algunas de las señales no verbales indicadoras que lo acompañan incluyen el arqueo de las cejas. Esto puede significar que la persona con la que estás saliendo te da la bienvenida y quiere que la conozcas mejor y con claridad.

Seguramente, los ojos se dilatan con efecto enla nariz. Fíjate cómo también se abren los orificios nasales de tu pareja. Este suele ser el caso cuando le gustas a una persona: el o ella inhala completamente, para olerte como un posible amante.

Los negocios y el arte del lenguaje corporal

La forma en que utilizas tu cuerpo cuando te comunicas con las personas dice mucho sobre ti. Cuando estás en el complejo mundo de los negocios, estar alerta de cómo funciona el lenguaje corporal es importante. Tus gestos y las señales no verbales que estásdando, pueden crear o romper relaciones posibles o existentes; todo esto tiene un impacto vital en tu progreso.

Si eres el jefe o un humildeempleado, estos puntos se deben tener en cuenta:

Postura

Tienes que aprender a presentarte y comportarte lo suficientemente bien. Básicamente, ya sea de pie o sentado.

Cuando estés de pie, asegúrate de que su espalda esté recta y alineada con el resto del cuerpo. Tu estómago no debe estar salido y, por favor, evita encorvarte, ya que esto puede mostrar pereza. Además, evita meter las manos en los bolsillos.

Cuando estés sentado, siéntateerguido, con las piernas juntas. Cruzar las piernas no es ideal, ya que puede parecer hostil, pero los hombres pueden hacerlo de manera que el tobillo con la rodilla queden a nivel. Además, no muevas la rodilla, esto puede ser realmente molesto para las personas.

Contacto visual

Asegúrate de hacerlo, pero no exageres. La capacidad de establecer y mantener un buen contacto visual es un signo de confianza. Hacerlo también le ayuda a comprender lo que la otra parte tiene que decir. Además, también hace saber al receptor que estás interesado en lo que tiene que decir.

Comienza el contacto visual tan pronto como inicie la conversación y mantenlo siempre y cuando no te quedes mirando demasiado profundamente. Sigue así hasta el final de la conversación. Puede que te resulte incómodo mirar directamente a los ojos, pero puedes fingir al mirarhacia algún lugar entre los labios y la nariz. Además, está bien mirar hacia abajo de vez en cuando, pero asegúrate de regresar lo más rápido posible.

Expresiones faciales

El rostro puede expresar mucho, por lo que es vital aprender más sobre él. Por ejemplo, la sonrisa falsa puede llevarte al fracaso con otras personas, mientras que la sonrisa genuina puedellevarte a lo alto. Siempre dale la sonrisa más verdadera a la gente y serás visto como generoso y amigable.

Fruncir el ceño sugiere ira o desaprobación, pero es muy común. Trata de examinar tus expresiones faciales con frecuencia y ve qué otras personas pueden notarlo o dar también un significado. Por ejemplo, ¿te muerdes mucho los labios o arqueas la frente quizás? Si es así, ¿cuándo lo haces? Trata de evaluar y utilizar tus expresiones faciales de manera apropiada para una comunicación más efectiva.

Movimientos de la cabeza y de las manos

Tu cabeza puede hacer tanto que puede comunicarse por sí misma. La forma más común es asentir para mostrar acuerdo. Sin embargo, no lo hagas con demasiada frecuencia si no deseas parecer a un muñeco cabezón delante de tu jefe, empleado, o posibles clientes comerciales. Si vas a mover la cabeza para expresar desaprobación, asegúrate de no exagerar tampoco.

Además, toma nota de tus manos. Por ejemplo, un apretón de manos es altamente funcional en el mundo de los negocios; asegúrate de perfeccionar el tuyo. No hacerlo puede arruinar tu negocio o hacer que existan relaciones. Es sencillo: hazlo firme y fuerte, pero no demasiado agresivo que se interprete que estás superando en autoridad a la otra persona.

Otra área a considerar es la inquietud y otros movimientos de las manos. No juegues con tus manos y evita cualquier actividad innecesaria con ellas, como tocarte el pelo o morderte las uñas. Evitagrandes movimientos tanto como sea posible, ya que los hombres de negocios poderosos usan movimientos de mano sutiles y pequeños para significar autoridad.

Guarda tu teléfono

Esta es probablemente una de las últimas actualizaciones en términos de uso del lenguaje corporal para tener éxito en los negocios. Bueno, es un hecho: tu teléfono móvil es una necesidad. Pero no dejes que se interponga en tu negocio. Cuando hables con alguien, evita sostenerlo en las manos, o colocarlo entre usted y la persona con quien estás hablando. La otra persona puede pensar que el teléfono es más importante que ella.

Consejos finales

Por ahora, seguramente sabrás que el lenguaje corporal pesa mucho para atraer y comprender a las personas en cualquier caso. Aquí tienes un resumen rápido y una serie de consejos útiles,de manera que puedasdominar esta extraordinaria forma de arte:

Ten confianza

No pienses demasiado ni dudes, solo déjalo fluir, pero ten cuidado. Esta es una de las claves para dominar el arte del lenguaje corporal. Tener confianza te permite parecer con autoridad y relajado al mismo tiempo. Por ejemplo, cuando estés sentado, siéntateerguido y simplemente deja que tus brazos cuelguen libremente, o colócalos cómodamente en tus piernas. Adoptar tal postura puede ayudarte a conquistar el mundo.

Mantente en el lado positivo

Recuerda que hay dos tipos generales de lenguaje corporal: positivo y negativo.

Siempre mantente en el positivo y aprende a expresar interés en los momentos correctos. Uno de los errores más comunes es usar un lenguaje corporal cerrado, como cruzar brazos y piernas, lo que puede significar desinterés.

Contacto visual

El contacto visual es algo que puedes observar y practicar: es una señal de interés, amabilidad y, en algunos casos, puede utilizarse para atraer la atención de alguna manera. Puede usarse y darse en tu vida cotidiana, así como en el departamento de negocios y del amor. Por ejemplo, notarás si una persona está interesada si ves que te mira a los ojos y las pupilas se dilatan de emoción.

Sonríe

El poder de la sonrisa nunca pasará de moda. Sonríe a menudo para incitar sentimientos positivos. Además, aprende a ver si la gente que te rodea sonríe genuinamente. Esto te ayudará a entender a la gente aún mejor.

Advierte las expresiones espejo

Cuando estés hablando con alguien, trata de observar si el receptor está imitando tu lenguaje corporal de manera instintiva. Si es así, esta es una señal no verbal que él aprueba o le atraestú y lo que estás diciendo. Por otro lado, también puedes utilizar esta técnica para establecer una buena relación y afinidad.

Conclusión

¡Gracias de nuevo por descargar este libro!

Espero que este libro haya podido ayudarte a aprender sobre el lenguaje corporal a un nivel más profundo: de qué se trata, sus diferentes formas, la forma en que estas señales no verbales pueden interpretarse y utilizarse en innumerables circunstancias.

Aprender a usar y leer efectivamente el lenguaje corporal juega un papel vital en la comunicación. A medida que el cliché dice "las acciones son más fuertes que las palabras", siempre debes tener en cuenta las señales no verbales que te rodean y las que estás dando a las personas.

El siguiente paso es tratar de aplicar lo que aprendisteen esta guía paraquedar bien y entender mejor a otras personas y viceversa.

Finalmente, si disfrutaste de este libro, me gustaría pedirte un favor, ¿serías tan amable de dejar una reseña para este libro? ¡Te agradecería mucho!

Parte 2

El lenguaje corporal es un aspecto significativo de la comunicación relacional moderna. De modo que es muy importante para la administración y el liderazgo, como también para todos los aspectos laborales y de negocios donde la comunicación puede ser observada y expresada físicamente entre las personas. A su vez es muy importante en las relaciones extra-laborales, por ejemplo para buscar pareja en citas y encuentros, al igual que para las relaciones familiares y parentales.

La comunicación incluye la escucha atenta en términos de lenguaje corporal observable, las señales no verbales se intercambian ya sea que existan palabras habladas que las acompañen o no.

El lenguaje corporal va y viene

Tu propio lenguaje corporal revela tus sentimientos y significados a otros. El lenguaje corporal de otras personas te revela sus sentimientos y significados.

Enviar y recibir señales de lenguaje

corporal sucede a nivel consciente e inconsciente.

El estudio del lenguaje corporal a nivel técnico también se denomina kinesia, que deriva de la palabra griega kinesis que significa movimiento.

Las personas exitosas tienden a entender muy bien este poderoso concepto. Y tú también puedes hacerlo.

El estudio y la teoría del lenguaje corporal se han vuelto populares en años recientes porque los psicólogos han sido capaces de entender lo que 'decimos' a través de nuestros gestos corporales y expresiones faciales que revelan los sentimientos y actitudes subyacentes.

El término 'comunicación no verbal' tiende a ser utilizado en un sentido más amplio y tanto este término como el de 'comunicación no vocal' contienen cierta ambigüedad. Para los propósitos de este libro, los términos 'lenguaje corporal' y 'comunicación no verbal' son a en general intercambiables. Esta guía toma estos términos como el estudio de la comunicación entre personas cara a cara más allá de la palabra hablada, y a este respecto el tratamiento de esta materia aquí es más amplio que las guías de lenguaje corporal típicas limitadas simplemente a las posiciones corporales o los gestos.

Si llevas a cabo cualquier análisis o discusión serios deberías clarificar la terminología a tu modo para adecuarla a tus propósitos.

El lenguaje corporal es especialmente importante al encontrarnos con alguien por primera vez.

Formamosnuestras opiniones cuando nos encontramos por primera vez con alguien en sólo unos segundos, y estaevaluación instintiva inicial está basada en más datos de los que vemos y sentimos sobre la otra persona que en las palabras que intercambiamos. En muchas ocasiones formamos conceptos muy fuertes sobre la nueva persona antes de que diga nada.

En consecuencia, el lenguaje corporal influye mucho al formarnos impresiones durante el primer encuentro.

El efecto sucede en ambas direcciones, desde y hacia

Cuando nos encontramos con alguien por primera vez, su lenguaje corporal, a nivel consciente e inconsciente determina a grandes rasgos nuestra impresión inicial. A su vez si alguien nos encuentra por primera vez, se forman su impresión inicial en gran medida basados en nuestro lenguaje corporal y en las señales no verbales.

Este efecto ida y vuelta del lenguaje corporal continua a través de la comunicación y relación con las otras personas.

El lenguaje corporal es constantemente intercambiado con otras personas, aunque la mayor parte del tiempo suceda a nivel inconsciente.

Recuerda – mientras estés interpretando (consciente o inconscientemente) el lenguaje corporal de la otra persona, las otras personas también están haciendo lo mismo con el tuyo.

Las personas con una consciencia más

amplia de su capacidad de leer el lenguaje corporal tienden a tener más ventaja sobre quienes, en general, están más limitados en ese aspecto.

Al generar más consciencia sobre el lenguaje corporal e ir aprendiendo sobre dicha materia y luego practicarla, tu lectura de la comunicación no verbal en el trato con los demás se incrementará.

El lenguaje corporal comprende más que posiciones y movimientos del cuerpo; no se trata sólo de cómo movemos nuestros cuerpos. Potencialmente (aunque no siempre, dependiendo en la definición que se elija aplicar) abarca:

La posición de nuestros cuerpos
La proxémica (en inglés proxemics) estudia nuestra cercanía y el espacio que está entre nosotros y las otras personas, y cómo cambia esto.

Nuestras expresiones faciales, especialmente cómo se enfocan y mueven nuestros ojos, etc.

Cómo nos tocamos a nosotros mismos y a

otros
Cómo conectan nuestros cuerpos con otras cuestiones no corporales, por ejemplo, lapiceras, cigarrillos, lentes y ropa.
Nuestra respiración y otros efectos físicos destacables, por ejemplo nuestras palpitaciones y respiración.

El lenguaje corporal no incluye
El ritmo, el timbre, la entonación, el volumen, la variación, las pausas, etc., de nuestra voz. Este último punto debería estar acompañado por el lenguaje corporal porque mucho sucede aquí que es fácilmente elusivo si consideramos simplemente la palabra hablada y la reduccionista definición tradicional de lenguaje corporal o comunicación no verbal.

El tipo de voz y otras señales audibles no están generalmente incluidas en el lenguaje corporal porque son señales verbales audibles más que físicamente visibles, sin embargo el modo en que utilizamos la voz es un aspecto de la comunicación muy significativo (usualmente inconsciente) más allá de considerar sólo las palabras.

En consecuencia, siempre es importante considerar el tipo de voz, además de los factores del lenguaje corporal usual.

En forma similar, la respiración y los latidos del corazón son generalmente excluidos de muchas descripciones del lenguaje corporal, pero son ciertamente parte de un rango de acciones y señales corporales no verbales que contribuyen en todo sentido al mismo.

Nuestros ojos resultan ser mucho más obvios, ya que son un aspecto vital de nuestro lenguaje corporal.

Nuestra reacción ante los ojos de otras personas – movimiento, enfoque, expresión y sus reacciones ante nuestros ojos – contribuyen principalmente a la evaluación y entendimiento mutuo, consciente e inconscientemente.

Sin decir palabra alguna, los sentimientos intensos pueden transmitirse con una rápida mirada. La metáfora que describe los ojos de dos enamorados encontrándose en la multitud no sólo se la encuentra en las viejas películas románticas. Está basada en un hecho científico — los fuertes poderes de la comunicación no verbal. Estos efectos — y poderosos ejemplos similares — han existido en la experiencia y comportamiento humanos reales por miles de años.

El cuerpo humano y sus reacciones instintivas han evolucionado hasta un grado de inteligencia increíble, que muchos de nosotros ignoramos o damos por hecho y que podemos aprender a reconocer más claramente si tratamos.

Nuestra interpretación del lenguaje corporal, sobre todo los ojos y las expresiones faciales, es instintiva; con un poco de razonamiento y conocimiento podemos ampliar significativamente nuestras señales: las señales que transmitimos y las señales que podemos observar en los demás.

Hacerlo nos da una ventaja significativa en la vida — profesional y personalmente hablando — en nuestras relaciones con los demás.

El lenguaje corporal no es sólo leer las señales en otras personas

Es importante entender el lenguaje corporal ya que nos permite tener mayor autoconciencia y también mayor autocontrol.

Entendemos más sobre los sentimientos y significados de lo que le sucede a otras personas y cuando comprendemos podemos refinar y mejorar lo que nuestro propio lenguaje corporal comunica, lo que genera una mejora positiva en el modo en que sentimos, el modo en que rendimos y lo que logramos al hacerlo.

Definiciones de lenguaje corporal
Como ya se ha explicado, los términos 'lenguaje corporal' y 'comunicación no verbal' son conceptos bastante ambiguos.
Entonces, ¿qué es el lenguaje corporal? Y más aún, ¿qué es lo que consideramos que vaya a ser, si nos esforzamos en estudiarlo

y aplicarlo?

El diccionario en inglés Oxford (revisado 2005) define:

"Lenguaje corporal —sustantivo—los movimientos y las posturas conscientes e inconscientes por medio de las cuales las actitudes y sentimientos son comunicados [por ejemplo]: Su intención estuvo claramente expresada en su lenguaje corporal."

El diccionario en inglés de negocios Oxford ofrece una definición un poco diferente, enfatizade forma apropiada e interesante el sentido de que el lenguaje corporal puede utilizarse como una herramienta, más que ser un efecto involuntario sin propósito alguno.

"Lenguaje corporal —sustantivo—el proceso de comunicar lo que se siente o piensa por medio de cómo se ubica o mueve el cuerpo más que las palabras [por ejemplo]: El curso entrena a los vendedores a leer el lenguaje corporal de los clientes."

Eldiccionario en inglés Oxford —define el término quinesia como el estudio del lenguaje corporal (y más vagamente al lenguaje corporal en sí mismo) –que depende de la interpretación de la 'comunicación no verbal':

"Quinesia – el estudio del modo en que ciertos movimientos y gestos corporales sirven como una forma de comunicación no verbal... [y] los movimientos y gestos corporales considerados como formas de comunicación no verbal."

El lenguaje corporal es mucho más que breves descripciones

El lenguaje corporal ciertamente también incluye cómo se relacionan los cuerpos de las personas (referido al 'espacio personal').

El lenguaje corporal incluye sin duda movimientos corporales muy pequeños como expresiones faciales y movimiento de los ojos.

El lenguaje corporal cubre todo lo que comunicamos a través de nuestros cuerpos aparte de la palabra hablada (incluyendo la respiración, la transpiración, el pulso, la presión sanguínea, el ruborizarse, etc.)

A este respecto, las definiciones estándares del diccionario no siempre describen el lenguaje corporal completa y apropiadamente.

Podríamos definir el lenguaje corporal en forma más completa como:
"El lenguaje corporales la transmisión e interpretación de los sentimientos, actitudes y estados de ánimo inconscientes y conscientes a través de las posturas, el movimiento, el estado físico, la posición y la relación con otros cuerpos, objetos y alrededores; expresiones faciales y movimientos oculares, (y esta transmisión e interpretación pueden ser algo diferente a la palabra hablada)."
Palabras aisladas – especialmente palabras relacionadas con las emociones (o utilizadas en situaciones de emoción intensa) – raramente reflejan completa o fidedignamente el significado y el motivo.
Encontramos claves para el significado adicional o verdadero en el lenguaje corporal.

Ser capaces de 'leer' el lenguaje corporal por lo tanto nos ayuda mucho para:
- saber cómo se sienten las personas y lo que significa.
- entender mejor cómo las personas podrían percibir nuestras señales no verbales (muchas veces pasadas por alto).
- entendernos mejor, con mayor profundidad que las palabras que nos escuchamos decir.

Lenguaje corporal–Entorno e historia

Los filósofos y científicos han vinculado la conducta física humana con su significado, estados de ánimo y personalidad por miles de años, pero el estudio del lenguaje corporal sólo se ha convertido en algo sofisticado y detallado en la memoria vívida en la actualidad. Los estudios de lenguaje corporal y los trabajos escritos sobreesta materia son muy escasos hasta mediados de 1900.

Los primeros expertos reconocidos que consideraron los aspectos del lenguaje corporal fueron probablemente los griegos, entre los más destacados Hipócrates y Aristóteles, a través de su interés por la personalidad y el comportamiento humano; entre los romanos, Cicerón, relacionó los gestos y las emociones con la comunicación. Mucho de este interés temprano en estas ideasestaba orientado hacia la oratoria – elaborardiscursos – dando importancia al liderazgo para gobernar.

Los estudios aislados del lenguaje corporal aparecen en tiempos más recientes, por ejemplo Francis Bacon en 'Los avances del aprendizaje' en 1605, exploraba los gestos como reflexión o extensión de las comunicaciones verbales. John Bulwer en 'Historia Natural de la mano' publicado en 1644 consideraba los gestos de las manos. Gilbert Austin en'Quironomía'en 1806 destacaba cómo usar gestos para mejorar la elaboración del discurso.

A finales del 1800, Charles Darwin se consideraba un pionero experto en realizar observaciones científicas serias acerca del lenguaje corporal, pero existe poco desarrollo sustancial de estas ideas por lo menos durante los subsiguientes 150 años. Darwin trabajó como pionero del pensamiento etológico. La etología comenzó como la ciencia de la conducta animal. Se estableció apropiadamente a principios del 1900 y se extendió a la conducta humana y la organización social. Esta ciencia considera que la evolución animal y las comunicaciones están fuertemente relacionadas con el lenguaje corporal humano. Los etólogos han aplicado progresivamente sus descubrimientos a la conducta humana, incluyendo lenguaje corporal, reflejando los orígenes evolutivos de gran parte de la comunicación no verbal.

A su vez, estas ideas de evolución han sido cada vez más aceptadas por la sociedad que ha ido dejando de creer en la teoría creacionista. El zoólogo austríaco Konrad Lorenz (1903-1989) premio Nobel en 1973 fue una figura fundadora de la etología. Otras personas que se han destacado en esta área son Desmond Morris, otro etólogo y el biólogo evolutivo Richard Dawkins (1941-), autor de 'El mono desnudo' del cual se discutirá más adelante. La etología, como la psicología, es una ciencia que abarca muchos aspectos del lenguaje corporal que continua clarificando el entendimiento del mismo.

Las seisexpresiones faciales universales

Actualmente es aceptado, en general, que ciertas expresiones faciales básicas de las emociones humanas son reconocibles alrededor de todo el mundo – y que el uso y reconocimiento de que estas expresiones son heredadas genéticamente más que condicionadas socialmente o aprendidas.

Mientras que se han encontrado variaciones y diferencias menores entre pueblos o tribus aislados, las siguientes emociones humanas básicas son generalmente utilizadas, reconocidas y forman parte de los caracteres genéticos de la humanidad.

Estas expresiones faciales son:
Enojo
Felicidad

Sorpresa
Disgusto
Tristeza
Miedo

Charles Darwin fue el primero en declarar este conocimiento en su libro 'Las expresiones de las emociones en el hombre y en los animales' publicado en 1872. Incidentalmente este libro en un comienzo se vendió mucho más que 'El origen de las especies'; así fue su amplia (y controvertida) atracción del momento.
Las afirmaciones de Darwin acerca de las expresiones faciales genéticamente heredadas continuaron siendo materia de mucho debate durante muchos años.

<u>¿Por qué esimportante el lenguaje corporal?</u>
Si estamos tratando de generar una buena impresión – a nivel social y laboral – solemos sonreír y mantener contacto visual con la otra persona a medida que estrechamos sus manos. La dificultad es que enviamos miles de otras señales

inconscientes a través de nuestro lenguaje corporal que otras personas 'leerán' instantáneamente e instintivamente.

Al estrechar las manos o pararse de una manera en particular, tal vez se disparan viejos recuerdos en la persona que estamos tratando de impresionar. Tal vez un viejo amigo se paraba exactamente igual, en cuyo caso nuestro acercamiento va a ser bien recibido. Pero si nos paramos como un traicionero colegaque la ha tratado mal, nuestro acercamiento puede que sea recibido en forma hostil.

Entonces, hay dos razones de porque el lenguaje corporal es útil.

Primero, entender cómo nos encontramos con otras personas y ser capaces de enviar un mensaje adecuado – "¡Confía en mí, no quiero engañarte!"

Y en segundo lugar, ser capaces de leer las señales que la otra persona está enviando.

Al acomodar nuestra postura al pararnos, movernos, vestirnos e interactuar podemos encontrarnos con otros seres humanos (y probablemente otros animales también) mucho más sutil y fácilmente.

Movimientos corporales y gestos

Los gestos o movimientos de la cabeza, manos, brazos y piernas pueden utilizarse para convenir mensajes específicos que tienen su contraparte lingüística. Por ejemplo, una persona podría utilizar un saludo con la mano más que decir 'hola', mover su cabeza en señal de acuerdo, lo que significa 'si' o 'de acuerdo'.

Estos gestos pueden ser muy útiles en un ambiente laboral porque son modos rápidos de convenir pensamientos y sentimientos sin necesidad de hablar o escribir. Además, muchos de estos gestos son generalmente entendidos en sentido amplio, aunque puede que tengan diferente significado en otras culturas.

Por ejemplo, aunque la señal 'de acuerdo' que se hace a través del tacto del pulgar y el índice con los restantes dedos extendidos se ve como un gesto positivo en EEUU, en algunas otras culturas, esto se considera un gesto vulgar.

Además de los gestos que las personas utilizan que tienen un significado en particular, también utilizan gestos que no lo tienen, generalmente significados comprendidos. Estos gestos, llamados ilustradores, le suman significado a un mensaje verbal. Por ejemplo, al dar una presentación, una persona podría utilizar los gestos de las manos para enfatizar un concepto. Muchas personas utilizan gestos mientras hablan a otras para acompañar sus palabras, y mientras los movimientosde sus cuerpos tal vez no tengan un significado que pueda ser puntualizado; sirven para embellecer las palabras utilizadas.

Los movimientos corporales de una persona pueden convenir sentimientos y emociones a través de las expresiones faciales y las posturas corporales que se denominan visualización afectiva. Estos movimientos corporales pueden indicar si la persona es abierta y receptiva, está enojada, distraída, o una variedad de otras emociones.

Muchasdemostraciones afectivas son comúnmente interpretadas; por ejemplo, por individuos que se sientan en postura encorvada y ceño fruncido como desinterés o infelicidad. Quienes se sientan en postura erguida, sonríen y tienen las cejas levantadas son vistos como interesados y felices. Mientras que estas demostraciones afectivas son generalmente bien interpretadas, tal vez no se relacionen con la interacción con otra persona, y pueda ser mal interpretada.

Por ejemplo, si una persona tiene un terrible dolor de cabeza, puede que se desmaye, mire hacia abajo y ponga cara de enojo durante una conversación, 'indicándole' al interlocutor que está en desacuerdo, aunque en realidad sí es receptivo y está de acuerdo con el interlocutor.

Los investigadores también categorizan ciertas conductas no verbales llamadas adaptativas, que en general son conductas inconscientes y se utilizan cuando una persona está tensa o ansiosa.

Los gestos ilustradores les indican a otros que una persona está enojada o nerviosa, y se comporta de una forma durante la entrevista de trabajo o una reunión con colegas podría ser interpretado de forma muy negativa. Una persona que se involucra en dicha conducta podría ser interpretada como preocupada, ansiosa o hasta deshonesta.

Como con las demostraciones afectivas, dicho lenguaje corporal podría no convenir verdaderos sentimientos; una persona que juega con los dedos y se come las uñas podría estar exhibiendo dichas conductas por razones inocuas. Por lo tanto, mientras dichas conductas suelen interpretarse adecuadamente como síntomas de ansiedad, no necesariamente indican que la persona es de alguna forma deshonesta.

Al escuchar a los demás, los individuos suelen convenir mensajes no verbales. Por lo tanto, deberían tomarse recaudos para evitar lo siguiente:

Sentarse o inclinarse hacia atrás es un movimiento corporal que podría convenir desinterés en el mensaje del interlocutor o desacuerdo con el mismo. Además, colocar el mentón en tu mano podría significar aburrimiento. Por lo contrario, inclinarse hacia adelante un poco, levantar las cejas y hacer contacto visual indican que eres receptivo con el hablante.

Cruzarse de brazos suele connotar una postura defensiva, lo que puede indicar que la persona está insatisfecha o se siente amenazada con quien habla, o no quiere escuchar al hablante.

Las conductas adaptativas, como jugar con los dedos o con objetos, podrían indicar que se está nervioso o desinteresado con respecto al mensaje que está emitiendo el interlocutor.

Expresiones faciales y contacto visual

Aunque las expresiones faciales y el contacto visual no son puramentekinestésicos y por ende técnicamente no es lenguaje corporal, son un tipo de comunicación no verbal que puede tener un efecto en las relaciones comerciales.

Los investigadores han encontrado que las personas pueden identificar con gran precisión siete emociones humanas por separado, aún luego de ver sólo las expresiones del rostro y los ojos: tristeza, felicidad, enojo, sorpresa, desprecio e interés.

Por lo tanto, sin decir ni una palabra, la expresión facial puede transmitir un gran caudal de información a otros. De forma similar, el contacto visual o la falta del mismo pueden aclarar las actitudes y emociones de la persona.

La investigación indica que las personas utilizan cuatro técnicas diferentes para controlar las expresiones faciales.

Primero, la persona intensifica sus expresiones faciales, o las exagera, de modo que demuestra emociones fuertes. Por ejemplo, una vendedora que ha realizado una venta importante podría intensificar su expresión positiva al sonreír más ampliamente y levantando las cejas.

Segundo, la persona podría menguar las expresiones faciales cuando las controlan o reprimen. Por ejemplo, un empleado que sabe que le han subido el sueldo podría sonreír menos o parecer menos feliz luego de encontrar que su colega de trabajo no obtuvo el mismo incremento.

Tercero, una persona neutraliza sus expresiones cuando evitan mostrar cualquier expresión facial. Una persona podría no mostrar ninguna emoción, reprimiéndose, en el ámbito laboral o cuando intenta negociar con otra persona de negocios.

Finalmente, los humanos enmascaran sus expresiones faciales. Esto ocurre cuando una persona oculta sus verdaderas emociones y expresaotras emociones. Por ejemplo, un empleado podría expresar entusiasmo hacia su jefe que le da una tarea desagradable para ganarse su favor. O, un representante de servicio al cliente podría expresar preocupación y cuidado en su expresión facial, cuando en realidad está disgustado con el cliente. Cada una de estas técnicas de control facial hace posible que las personas interactúen mutuamente en formas socialmente aceptables.

Hacer y mantener el contacto visual puede tener resultados positivos en el ámbito laboral. El contacto visual puede indicarleaotra persona que eres receptivo a lo que tienen que decir. Además, el contacto visual podría indicar que quieres comunicarte con esa persona.

Finalmente, el contacto visual puede ser utilizado para expresar respeto hacia esa persona al mantener un contacto visual prolongado.

Es muy interesante, reprimir el contacto visual como mirar hacia abajo o hacia otra dirección, podría indicar un nivel de respeto para alguien de mayor estatus. Una falta de contacto visual o una renuencia a mantener el mismo podría indicar incomodidad con la situación, un desinterés en las palabras de la otra persona, o un desagrado hacia la otra persona.

Sin embargo, el grado en que la persona hace o no contacto visual podría depender de su propio nivel de timidez o extraversión y no siempre podría ser interpretado como una reacción a una persona o situación en particular.

Espacio personal

Los investigadores utilizan el término proxémica para describir el modo en que una persona usa el espacio personal durante la comunicación. Cada individuo tiene un espacio personal, que es como una burbuja invisible que lo rodea. Esta burbuja se vuelve más grande o más pequeña, dependiendo de la persona con quien interactuamos. Estamos cómodos parados o sentados cerca de alguien que nos gusta y más cómodos si estamos lejos de alguien que no nos gusta o no conocemos bien. Sin embargo, la cantidad de espacio personal que una persona quiere depende de muchas características, incluyendo género y edad.

El espacio personal que una persona prefiere también depende de la situación. Cuando interactuamos con amigos, familiares o comerciantes casuales, la mayoría de las personas prefieren una distancia de 0,5 a 1,5 metros. Cuando interactuamos en un comercio formal o impersonal, la mayoría prefieren un espacio personal de 1,5 a 2,5metros. Por lo tanto, es probable que una persona esté más cómoda parándose cerca de un colega conocido que de un nuevo cliente.

Aunque hay normas extensas sobre un

espacio personal cómodo, no es poco común para una persona sentir que su espacio personal ha sido invadido cuando otra se sienta o para demasiado cerca. Cuando el espacio personal es invadido, hay muchas reacciones que las personas podrían tener.

Primero, podrían retirarse, apartarse o dejar el ambiente en común. Segundo, si se anticipa la posibilidad de que el espacio personal va aser invadido, una persona podría tratar de evitar que eso suceda. Esto podría significar permanecer fuera de reuniones, multitudes y fiestas. Tercero, las personas pueden aislarse a sí mismas de la intrusión en su espacio personal.

Un gerente que coloca su escritorio en su oficina de tal modo que nadie pueda sentarse cerca es distante. Un empleado que se sienta al fondo de una mesa durante una reunión podría estar haciéndolo para prevenir que otros se sienten cerca.

Finalmente, una persona podría pelear para mantener su espacio personal al preguntar a otros que se alejen o se retiren. En el establecimiento de un negocio, podría ser útil reconocer las conductas de otros cuando su propio espacio personal es invadido. Esto es, si notas que otros se alejan cuando hablan contigo, siéntate un poco más lejos, o si parecen físicamente incómodos, podrían tener un espacio personal más amplio, que debería ser respetado.

Contacto físico

En el ambiente de trabajo, las personas podrían utilizar el tacto para comunicarse en forma no verbal. El tacto funcional-profesional es el tipo de interacción de negocio o impersonal. El tacto que utiliza el médico cuando examina a un paciente es un tacto funcional-profesional. Sin embargo, el tacto no es parte de la mayoría de las profesiones, y por lo tanto, este tipo de contacto no se utiliza en ambientes de negocios. El tacto social-amable, como un apretón de manos, es mucho más común. Este tipo de tacto se utiliza para reconocer a otras personas. Es un tacto esperado en muchas situaciones de negocios.

Finalmente, el tacto amistoso-cálido demuestra que se valora a la otra persona como tal. Dar una palmada en la espalda o un abrazo es un ejemplo de tacto amistoso-cálido. En la mayoría de los ámbitos laborales, el tacto social-amable es el único tacto necesario, y se les motiva a la mayoría de los gerentes y empleados a evitar utilizar el tacto (particularmente el amistoso-cálido) en el ámbito laboral. Mientras que muchas personas ven la mano en el hombro o la palmada en la espalda como un tacto útil para convenir aliento o preocupación por el bienestar de la otra persona, el miedo al acoso sexual ha llevado a evitar todo tipo de contacto más allá del apretón de manos.

Diferencias culturales

A lo largo de todo EEUU, la mayor parte del lenguaje corporal se entiende consistentemente. Sin embargo, en otras naciones y culturas, lo que se considera lenguaje corporal apropiado en un lugar, puede ser visto como altamente inapropiado en otro. Como se mencionó más arriba, la señal americana de "ok" podría ser vista como algo vulgar en otras naciones.

De forma similar, otros tipos de gestos y movimientos corporales podrían convenir significados negativos indeseables. Por lo tanto, se debería ser precavido antes de utilizar gestos en otros países o con socios de negocios de otros países. Los movimientos corporales pueden también ser malinterpretados basados en la cultura de la que provengan.

Si bien la mayoría de las personas en el mundo entienden el movimiento de la cabeza hacia arriba y abajo como significando "sí" o "estoy de acuerdo", no sería el caso en todos los países.

Las normas y expectativas que aluden a las expresiones faciales y al contacto visual también se diferencian a través de las culturas. Porque diferentes culturas tienen diferentes normas al respecto, el contacto visual que se observa como constructor de relaciones y respeto en los EEUU podría ser visto como desafiante e irrespetuoso en otras culturas.

Finalmente, el espacio personal y el tacto

se utilizan de diferente manera en diferentes naciones. Los americanos tienden a preferir grandes cantidades de espacio personal en contraste conpersonas de Latinoamérica, Europa y Medio Oriente. Los alemanes, chino y japoneses prefieren grandes cantidades de espacio personal, similar a los americanos. De modo que al conducir negocios con otras personas de otras culturas es importante entender y respetar la necesidad de su espacio personal. Los americanos que hacen negocios con quienes prefieren menos espacio personal tal vez tienen que luchar contra la urgencia de alejarse y por lo tanto evitar insultar al colega de negocios.

Cómo mejorar el lenguaje corporal

Antes de llegar a los métodos específicos de mejorar tu lenguaje corporal, recuerda que ningún gesto es universal. Aunque cruzarse de brazos puede denotar un bloqueo en la comunicación, podría ser necesario también para contrarrestar el frío o simplemente estar cómodo sosteniendo los brazos.

Restregarse los ojos podría significar

frustración, que estas cansado o que se sufre de alguna picazón. Trata de no leer demasiado o muy literalmente el lenguaje corporal propio o ajeno.

La cultura también juega un rol en el lenguaje corporal. Algunas culturas respetan el espacio personal más que otras, así que el lineamiento sobre proximidad podría ser diferente dependiendo de con quien estés lidiando. Otras culturas piensan que el contacto visual es una amenaza o una falta de respeto, y no una señal de confianza como pasa en muchas culturas orientales.

A continuación se muestran algunas formas de entender y mejorar tu propio lenguaje corporal.

<u>Tomar consciencia</u>

El primer paso para mejorar el lenguaje corporal es tomar consciencia. Comienza a prestar atención a todo lo que haces, y cuándo lo haces. El otro día, me di cuenta que estaba jugando con mi aro al hablar con ciertas personas o sobre ciertos temas; con ese saber pude entender mejor porqué lo hice y qué significaba. Tomar consciencia es la mitad de la batalla.

<u>Estudiar a otros</u>
Observa a otras personas – especialmente personas que admiras. ¿Cómo se sostienen a sí mismas? ¿Qué puedes aprender de ellos?

<u>Imitar a otras personas</u>
Si te sientas o paras delante de otra persona, imita la posición de su cuerpo, entona tu voz de la misma forma y adquiere el mismo ritmo de conversación. No lo hagas de una manera obvia o antinatural. ¡Hasta la imitación sutil puede crear sinergia y conexión, y luego de un rato ambos estarán haciéndolo naturalmente, ni siquiera sabrán quién está siguiendo a quién!

Tomar consciencia sobrecómo cruzar los brazosy las piernas

Muchas personas encuentran que es cómodo cruzar los brazos y las piernas, así que no tiene sentido decir que no pueden hacerlo. Si quieres cruzar las piernas, está bien; sólo hay que ser consciente de la dirección en que las cruzas, y asegurarte que las cruzas hacia la dirección de tu interlocutor.

Ten cuidado, cruzar las piernas con los tobillos descansando sobre las rodillas puede parecer obcecado y arrogante.

A su vez, ten en cuenta otras formas de crear cruces con tu cuerpo; las mujeres suelen sostener su hombro o tobillo opuesto.A veces se sostiene la bebida sobre la mesa utilizando ambas manos: estas son señales de falta de confianza o de bloqueodel cuerpo (y la mente) para la conversación.

Hacer contacto visual

Los ojos son las ventanas del alma, y lo que haces con ellos es comunicarte mucho. Vuélvete sensitivo hacia las culturas que evitan el contacto visual con los mayores y los extraños; de otro modo no tengas miedo de mirar a alguien a los ojos. No sólo dirás mucho al hacerlo, también aprenderás mucho.

Relajar los hombros

Sostener los hombros cerca de tus orejas es una señal de tensión, y hace que tu interlocutor también se sienta tenso.

No encorvarse

Aunque sentarse como una baqueta recta podría ser una exageración forzada, asegúrate de no encorvarte. Tu espalda – y tu vida social – se beneficiarán.

Mirar de frente al interlocutor

No enfrentar a tu interlocutor es una señal de distracción o desinterés, parecido a cruzarse de brazos y piernas. Si enfrentas a tu interlocutor aumentarás el compromiso.

Inclinarse hacia adelante

¿Alguna vez has tenido una conversación en la que realmente sientes el mismo entusiasmo que tu interlocutor?
¿Probablemente hayas notado que ambos son vivaces, y se inclinan uno hacia el otro? También habrás notado que esto te ha sucedido.

Controlar el movimiento de los dedos

Soy un papanatas por jugar con mi bebida, mi sorbete, mi aro, o la tapa de una botella a la cual me refiero afectivamente como "fijación táctil." Pero puede ser una señal de nerviosismo y, al menos, una distracción para los demás.

También presta atención en cómo te tocas la cara o te acomodas el pelo.

No inclinar la cabeza (demasiado)

Aunque una leve inclinación de la cabeza puede indicar interés, inclinarla demasiado (las mujeres son las mayores responsables de esto) indica sumisión.

No termines tus oraciones con entonación hacia arriba;si bien no es lenguaje corporal, merece ser mencionado ya que es parte de los mensajes subconscientes que comunicamos. Terminar las oraciones como preguntas indica una falta de confianza en lo que estás diciendo, lo que no ayuda a que otros confíen en ti.

Estrechar las manos firmeo coordinadamente

No le succiones la vida a tu nueva relación, pero es bueno sentir un grato y firme apretón de manos. Tiendo a tratar de sincronizar con el apretón de la otra persona (como imitándola) – excepto por los peces húmedos, con quienes no puedo hacerlo.

<u>Ser consciente de dónde están las manos</u>
Mantener tus brazos detrás de tu espalda con las manos entrelazadas es una señal de confianza. (¡También te proporciona algo para tener en la manos si eres un 'dedos inquietos'! Esto es grandioso para hablar en público.)
Contrariamente, sostener tus manos en tus bolsillos podría ser cómodo, pero también puede ser un indicio de aburrimiento o exceso de confianza.

Sentarse en una posición comprometida

A menos que la relación sea de amantes desafortunados, mirar a los ojos a la otra persona, sentarse directamente enfrente de alguien indica confrontación. Es aún peor con una mesa o escritorio entre ambos, lo que crea una barrera. En cambio, trata de sentarte a un ángulo de 45 grados. Esto da comodidad, espacio y también permite desarrollar el compromiso y la imitación.

¡Relajarse!

Ahora que tal vez estés super-consciente de todo lo que haces y lo que no haces, respira profundo y relájate. Ajustar tu lenguaje corporal podría sentirse antinatural al principio, así que no lo fuerces mucho. Con una dosis de consciencia y aplicando estas técnicas gentilmente a lo largo del tiempo, comunicarás todo lo que quieras con tus palabras al igual que con tu cuerpo.

Cómo leer el lenguaje corporal

Ya sea que estés en la oficina o al salir con amigos, el lenguaje corporal de las personas alrededor tuyo describe mucho. Se ha sugerido que el lenguaje corporal constituye más del 60% de lo que comunicamos, así que aprender a leer los indicios no verbales que las personas envían es una habilidad valiosa. Desde los movimientos oculares hasta la dirección en la que las personas ubican sus pies, el lenguaje corporal revela lo que están pensando realmente. A continuación hay consejos valiosos para ayudarte a aprender el lenguaje corporal y entender mejor a las personas con quienes interactúas.

Estudiar los ojos

El comportamiento de los ojos puede ser muy revelador. Cuando nos comunicamos con alguien, presta atención a si la persona hace contacto visual o desvía su mirada. La incapacidad para hacer contacto visual directo puede indicar aburrimiento, desinterés o incluso decepción – especialmente cuando alguien desvía la mirada hacia un lado. Si la persona mira hacia abajo, por otro lado, suele demostrar nerviosismo y sumisión.

También, hay que chequear si las pupilas se dilatan para determinar si alguien está respondiendo favorablemente contigo. Las pupilas se dilatan cuando nuestro esfuerzo cognitivo aumenta, así que si alguien está concentrado en otra persona o en algún objeto que le gusta, sus pupilas se dilatarán automáticamente. La dilatación pupilar podría resultar difícil de detectar, pero bajo las condiciones adecuadas deberías poder lograrlo.

El ritmo de parpadeo de alguien puede revelar mucho también sobre lo que le sucede a la persona internamente. El ritmo del parpadeo aumenta cuando la persona está pensando de más o está estresada. En algunos casos, un ritmo de parpadeo creciente indica mentira — especialmente cuando está acompañado de gestos táctiles faciales (boca y ojos particularmente).

Observar algo de reojo puede sugerir desear ese objeto. Por ejemplo, si alguien mira de reojo a la puerta podría indicar que desea irse. Mirar de reojo a una persona puede indicar un deseo de hablar con esa persona. Cuando se trata de comportamiento ocular, también se sugiere que mirar hacia arriba y a la derecha durante la conversación indica que se ha dicho una mentira, mientras que mirar hacia arriba y a la izquierda indica que la persona es genuina. La razón para esta aseveración es que las personas miran hacia arriba y a la derecha cuando utilizan su imaginación para crear una historia, y miran hacia arriba y a la derecha cuando se está evocando un recuerdo real.

Contemplar el rostro

Aunque es más probable que las personas controlen su expresión facial, aun puedes obtener indicios no verbales importantes si prestas mucha atención. Presta atención particularmente a la boca cuando trates de descifrar el comportamiento no verbal. Un indicio no verbal importante para observar es la sonrisa. Hay diferentes tipos de sonrisas, incluyendo sonrisas genuinas y otras falsas. Una sonrisa genuina involucra toda la cara, mientras una falsa sólo utiliza la boca. Esta sonrisa sugiere que la persona es feliz y disfruta de la compañía de las personas que la rodean. Una sonrisa falsa, por otro lado, intenta expresar placer o aprobación pero sugiere que quien sonríe, realmente, está sintiendo algo diferente. Una "media sonrisa" es otro movimiento facial común que sólo involucra una parte de la cara e indica sarcasmo o incertidumbre.

También podrías notar una leve mueca que dura menos de un segundo antes de sonreír. Esto sugiere comúnmente que la persona está ocultando su insatisfacción detrás de una sonrisa falsa. Labios apretados y fruncidos también indican insatisfacción, mientras que una boca relajada demuestra una actitud relajada y un humor positivo. Cubrirse la boca o tocarse los labios con las manos o dedos cuando se habla puede ser un indicio de que se está mintiendo.

Prestar atención a la cercanía

La cercanía es la distancia entre tú y la otra persona. Presta atención a cuán cerca se para o se sienta alguien para determinar si te consideran favorablemente. Pararse o sentarse muy cerca de alguien es tal vez uno de los mejores indicadores de entendimiento. Por otro lado, si alguien se aleja o se retira cuando te acercas, esto podría ser una señal que la conexión no es mutua.

Puedes hablar mucho del tipo de relación que dos personas tienen sólo al observar la cercanía entre ambas. Ten en mente que algunas culturas prefieren menor o mayor cercanía durante la interacción, así que la cercanía no siempre es un indicador acertado de afinidad.

Observar si la otra persona nos imita

Imitar involucra copiar el lenguaje corporal de la otra persona. Al interactuar con otra persona, chequea si ésta imita tu comportamiento. Por ejemplo, si estás sentado en una mesa con alguien y apoya un codo en la mesa, espera 10 segundos para ver si la otra persona hace lo mismo. Otro gesto de imitación involucra tomar un sorbo de bebida al mismo tiempo. Si alguien imita tu lenguaje corporal, esta es una muy buena señal de que está tratando de establecer afinidad contigo. Trata de cambiar tu postura corporal y ver si la otra persona cambia la suya.

Observar el movimiento de la cabeza

La velocidad a la que una persona asiente con su cabeza cuando está hablando indica su paciencia o la falta de la misma. Asentir lentamente indica que la persona está interesada en lo que estás diciendo o quiere que sigas hablando. Asentir rápidamente indica que la persona ha escuchado suficiente y quiere que termines de hablar o le des su turno para hablar.

Inclinar la cabeza hacia los costados durante la conversación puede ser señal de interés en lo que la otra persona está diciendo. Inclinar la cabeza hacia atrás puede ser señal de sospecha o incertidumbre. Las personas también señalan con la cabeza o el rostro a las personas en las que están interesadas o comparten alguna afinidad. En los grupos y los encuentros, puedes distinguir entre las personas con poder basadas en cuán a menudo las personas las miran. Por otro lado cuanto menos significativa es una persona, menos la miran.

Observar los pies de la otra persona

Una parte del cuerpo donde las personas suelen 'filtrar' indicios no verbales importantes son los pies. La razón por la cual las personas se comunican a nivel no verbal de forma no intencional a través de sus pies es porque están concentradas en controlar sus expresiones faciales y la postura de la parte superior del cuerpo y dejan de lado que están revelando indicios importantes a través de los pies.

Al estar parado o sentado, la persona generalmente ubicará sus pies hacia donde quieren ir. De modo que si notas que los pies de la persona están señalando en tu dirección, esto podría ser una buena señal de que tienen una opinión favorable hacia ti. Esto se aplica a la interacción de uno a uno en un grupo. De hecho, puedes describir la dinámica del grupo sólo estudiando el lenguaje corporal de la persona involucrada, particularmente el modo en que están ubicados sus pies.

Además, si alguien parece estar involucrado en una conversación contigo, pero sus pies están señalando en otra dirección, es probable que quieran hablarle a otra persona (aunque las señales de la parte superior del cuerpo sugieran otra cosa).

Observar las señales de las manos

Así como los pies, las manos también 'filtran' señales no verbales importantes.

Observa señales de las manos en particular, por ejemplo, cuando la persona pone sus manos en los bolsillos. Esto puede indicar desde nerviosismo hasta completa decepción.

El señalar de forma inconsciente con un gesto de las manos puede revelar mucho también. Al hacer gestos con las manos, una persona marcará una dirección en general con la cual esta tiene afinidad (estas señales no verbales se vuelven especialmente importantes cuando se observa y se interactúa en grupos).

Sostener la cabeza con la mano y dejar el codo sobre la mesa puede indicar que la persona está escuchando y sosteniendo la cabeza quieta para concentrarse. Sostener la cabeza con ambos codos en la mesa, por otro lado puede indicar aburrimiento. Cuando una persona sostiene un objeto, y este queda entremedio de las dos personas que están interactuando, este funciona como una barrera que sirve para bloquear a la otra persona. Por ejemplo, si dos personas están hablando y una sostiene un block de notas delante, esto se considera un acto que bloquea la comunicación no verbal.

Examinar la posición de los brazos

Piensa en los brazos de una persona como las puertas del cuerpo y del sí mismo. Si una persona cruza sus brazos mientras interactúa contigo, se interpreta como un acto defensivo, un gesto de bloqueo. Cruzarse de brazos también indica ansiedad, vulnerabilidad o mente cerrada. Si cruzar los brazos está acompañado de una sonrisa genuina y una postura relajada en general, entonces puede indicar confianza y una actitud relajada. Ubicar las manos en las caderas se utiliza comúnmente para ejercer dominio, y lo hacen más los hombres que las mujeres.

Los consejos dados pueden darte conocimiento intuitivo sobre los verdaderos motivos detrás de la conducta de una persona, pero no es a prueba de tontos. Cuando analizas el lenguaje corporal, ten en mente que estas técnicas no se podrán aplicar a todas las personas a la vez. Ciertos factores como la cultura y el lenguaje corporal en general deben tomarse en consideración para decodificar acertadamente las señales no verbales.

Cómo decodificar el lenguaje corporal de otras personas

Todos somos expertos a nivel inconsciente para leer qué intenciones tienen otras personas con nosotros. Desarrollamos estas habilidades en la era de los peludos mamuts porque nuestras vidas dependían de ello, y la mente subconsciente funciona más rápido que la mente consciente. Pero no somos muy buenos trayendo material inconsciente a la mente consciente.

Podemos reaccionar con velocidad ciega, literalmente, antes de pensar sobre ello conscientemente, para esquivar un golpe que algún borracho tira en nuestra dirección, o desviar un objeto que viene en nuestra dirección. ¿Recuerdas lo del presidente Bush y el zapato iraquí?

Ese es un buen punto; es inconsciente y funciona. Pero todos estamos mucho menos adaptados, en general, a notar conscientemente lo que los demás en la reunión están pensando realmente, digamos, o evaluando lo que el señor de los anillos de la reunión está planeando y si, por ejemplo, nos conviene o no.

Aun así, esas intenciones están allí para descubrirse, en su lenguaje corporal. El problema está en que tenemos muy poca información sobre las intenciones de los demás, generalmente obtenemos demasiado. Las personas están constantemente moviéndose, cambiando, mirando arriba, abajo y a los costados; levantando las cejas, entrecerrando los ojos y rascándose la nariz.

¿Qué significa todo eso? ¿Cómo podrías monitorear todo eso en una habitación de diez personas o más, y hacerlo en un lapso de tiempo para reaccionar apropiadamente? Simplemente, no se puede.

Es demasiada información, llegando a nosotros demasiado rápido, y hay mucha cascarilla mezclada con el trigo. ¿Jane está masajeándose la nariz porque está pensando tu propuesta? ¿O simplemente se está rascando su mentón lo más disimuladamente posible porque le pica?¿Jack está cruzado de brazos porque se está resistiendo a tus mejores esfuerzos para hablarle al grupo para que cambie de dirección, o simplemente tiene frío?

Puedes volverte loco tratando de monitorear conscientemente para cambiar constantemente de señal corporal para un grupo lleno de gente por un poco de aval, porque para el momento en que lo resuelves, la conversación ya va a haber cambiado. Mientras tanto, no has estado prestando atención al contenido de la conversación tan adecuadamente como probablemente necesitabas.

¿Hay alguna manera de resolver este dilema de necesitar monitorear gigantescas cantidades de información sobre lo que está sucediendo alrededor y las intenciones de las personas, consciente y rápidamente, mientras que al mismo tiempo tienes que prestar atención al contenido de las conversaciones?

Sí la hay. Si, en lugar de monitorear los datos en general, buscas confirmación para tu hipótesis sobre la intención, luego puedes acelerar y acotar la cantidad de información que necesitas interpretar.

Así que la pregunta real es la siguiente: si quieres convertirte en un experto de la consciencia al leer las expresiones inconscientes de las otras personas, ¿cómo formulas hipótesis sobre esa expresión y la confirmas o la deshechas? La respuesta es restringir tus posibles hipótesis a unas pocas que hayas identificado antes de tu reunión, conversación o presentación. Luego puedes formular una única pregunta a tu mente subconsciente y utilizar esa experiencia inconsciente que todos tenemos para darte una respuesta clara y confiable.

Así que comencemos.

Aquí hay cinco formas comunes útiles de pensar sobre lo que otras personas intentan hacer:

Abierto — Cerrado
Sinceridad — Deshonestidad
Aliado — Opositor
Poderoso — Subordinado
Comprometido — No comprometido

Puedes, por supuesto, agregar el tuyo propio para situaciones específicas que este no abarque, pero realizarás este trabajo con un gran porcentaje de interacciones humanas donde necesitas monitorear el lenguaje corporal en detalle.

Examinaré cada situación como un proceso continuo. La idea es pasar cierto tiempo pensando sobre la conversación no verbal en una interacción que surja − una importante − y elegir el proceso continuo que mejor encaje en lo que estés preocupado o interesado, o represente el quid del asunto entre los que están involucrados.

Luego, como lo discutiré, dejarás que el poder de tu mente inconsciente haga su trabajo y − como si fuera magia − obtendrás una lectura rápida y precisa de lo que otros están intentando hacer. Se necesita un poco de práctica, pero cambiará el modo en que los demás te 'leen' y mejorará tu habilidad para la comunicación.

Abiertoocerrado

La primera posibilidad de chequear las intenciones de los demás es la más básica − su grado de apertura (o lo opuesto). Es lo más básico, porque si la gente es abierta entre sí, la comunicación puede darse. Si no lo son, nada bueno puede pasar.

Con un poco de práctica, deberías ser capaz de 'juzgar' a las personas muy rápidamente a lo largo de estas líneas sobre una base casi automática. No busques una lectura instantánea, sin embargo – lo que las personas denominan 'hilar fino' en estos días. En la práctica, lleva cierto tiempo establecer una base de comportamiento con cada nueva persona que encuentras. El punto no es ser capaz de realizar esta tarea instantáneamente, sino ser capaz de 'juzgar' a alguien en pocos minutos, con gran confiabilidad, en términos de si esta persona es abierta contigo o no.

Comencemos con el rostro. Primero, reconoce la frente. ¿Está arrugada o lisa? Para la mayoría de nosotros, nuestra actitud habitual está expresada en nuestra frente, especialmente luego de los 30 años. Cuantas más arrugas tengas y más profundas sean, será más probableque la persona sea habitualmente más abierta.

Esto se debe a que un gesto característico de la persona abierta es levantar las cejas, arrugar la frente si está esperando una respuesta. A lo largo de los años, si pasas mucho tiempo esperando abiertamente una respuesta, tendrás arrugas en la frente.

Hay falsificadores que se hacen cirugía facial, pero en líneas generales la frente es una señal confiable que nos orienta. Eso no significa que la persona será abierta o cerrada en alguna instancia en particular, pero te da una pauta de su receptividad en general.

Más allá de la frente, observa el movimiento de las cejas. ¿Cuán a menudo y cuánto se mueven? Las personas tienden a levantar sus cejas cuando están interactuando con otros al esperar una respuesta, preguntar sobre una duda, invitándote a unirte y así sucesivamente.

Así que la cantidad y distancia del movimiento son indicadores de un nivel general de apertura, y en una instancia específica, cuando se levantan las cejas, la apertura de la información que llega en el momento. Otra vez, el movimiento podría ser en respuesta a la pregunta que la persona ha planteado, pero de todas formas es apertura.

Ahora observa los ojos en sí mismos. ¿Están entrecerrados o completamente abiertos? Necesitas establecer una base de cómo se comportan las personas en situaciones más o menos neutrales. Eso te dará una idea de si esa persona en particular es abierta. Generalmente las personas abren sus ojos ampliamente cuando están interesadas en algo o alguien; y los cierran cuando no lo están, o se preocupan y sospechan activamente de situaciones, personas o acciones.

El porqué las personas son activas con sus ojos es diverso; necesitas ser cuidadoso para descartar razones ambientales. ¿Hay luz brillando en la cara de la persona? Eso podría explicar porque entrecierran los ojos. Podría ser porque le has ofrecido a la persona un auto usado a un precio inadmisible. Si puedes, observa las pupilas. ¿Cuán a menudo están abiertas o cerradas? La apertura indica interés, atracción y excitación; lo opuesto indica lo contrario. Por supuesto, el nivel general de luz en el ambiente también afecta las pupilas, entonces necesitas establecer una norma.

Fosas nasales ensanchadas son parte de novelas de romance y libros sobre caballos. Sin embargo, tal vez sea verdad con respecto a las descripciones que vinculan la atracción sexual con esta parte de la cara, especialmente si la investigación sobre feromonas y atracción resulta ser cierta.

Ciertamente es el caso que una nariz arrugada puede indicar disgusto, o al menos, disgusto sobre un mal olor. Los gestos faciales extremos como estos son difíciles de olvidar y vuelven fácilmente a la consciencia. Los más sutiles son los cuales deberían generar preocupación. Para el momento en que alguien comienza a arrugar la nariz, ya te habrás dado cuenta cómo se siente o lo que está por sentir.

La boca es capaz de miles de variaciones en base al acompañamiento de una sonrisa, entrecejo fruncido, miedo y así sucesivamente. En términos simples, observa la sonrisa. Esa es la señal universal de aprobación de los demás, y de esa manera las personas que sonríen son las que probablemente sean más abiertas contigo que quienes son neutrales o fruncen el entrecejo.

Por supuesto, las personas pueden sonreír por motivos diversos; una vez más el contexto es importante para ser capaces de distinguir una sonrisa rígida, infeliz o falsa de una abierta, relajada y natural que da la bienvenida.

Para el torso, la cercanía y la dirección señalan el grado de apertura. Fundamentalmente, cuánto más cerca está la persona más directamente orientado hacia tu torso se encuentra, más abierta es la persona; y cuánto más lejos y más direccionado hacia otro lado, está más cerrada.

¿Qué pueden los gestos de las manos decir sobre la apertura? No los obvios como una señal de paz, o el gesto del dedo medio. Esos son considerados 'emblemas'. No, los que todos hacemos cuando hablamos – el aparentemente carente de significado acompañamiento del discurso, como mover las manos para pensar en una palabra, o destacar una opinión.

Estas señales gestuales aparecen todo el tiempo. Cuando la persona se acerca con un gesto abierto, por ejemplo, generalmente señalan apertura. Es raro si pasa algo más, como un gancho izquierdo en la mandíbula. Un abrazo, el gesto de apertura más importante, es una combinación de gestos con manos abiertas y torso abierto.

La apertura puede ser leída en la misma mano. ¿Qué estánhaciendo las manos? ¿Están apretándose o envolviéndose nerviosamente una a la otra? ¿Están inquietas o intentando esconderse en un bolsillo? Las manos hablan un idioma interminable y fascinante; son maravillosas pequeñas veletas para el estado del alma. Si practicas al observar las manos de otras personas, aprenderás sobre el estado de sus nervios, sus defensas, su confianza, su felicidad, su pena, su interés o aburrimiento, además de su apertura o falta de la misma.

Muchos libros que tratan sobre lenguaje corporal pretenden dar significados específicos a gestos específicos, pero este es un juego de tontos. Cada gesto puede tener miles de significados. Cruzamos los brazos, por mencionar un ejemplo simple, porque estamos a la defensiva, para estar seguros, pero también porque estamos cansados, tenemos frío o queremos esconder una barriga muy grande.

Pero si estamos buscando la respuesta a una pregunta específica, luego puedes poner tu experticia inconsciente a funcionar para ti. Pregúntate, ¿esta persona es abierta o cerrada conmigo? Luego comienza a buscar las señales que necesitas para llegar a una conclusión.

La mejor manera de hacer esto es plantear la pregunta a tu mente subconsciente primero. Pregunta primero al comenzar la conversación, ¿abierta o cerrada? Y espera que tu intuición sobre ese tema se vuelva más clara. Una vez que tienes la sensación de esa situación, puedes comenzar a buscar conscientemente las señales que confirmen o nieguen tu lectura inicial.

Supongamos que estás en una entrevista de trabajo y quieres saber cuáles son tus chances de éxito. La primera pregunta de deberías hacerte sería considerar si siquiera estás en la carrera. En otras palabras, si la entrevista es real o una cortesía. Así que comienza la entrevista preguntándote, ¿ésta persona es abierta o cerrada conmigo? Si la respuesta que recibes es de alguien cerrado, puedes estar razonablemente seguro de que alguien más ya tiene el trabajo.

Si la persona parece abierta, puedes aprovechar tu energía y encanto. Puede que quieras estar atento por un cambio en la lectura. ¿Qué sucede si el entrevistador ha estado abierto, digamos, los primeros cuarenta y cinco minutos de la entrevista y luego súbitamente comienza a enviar señales de que se está cerrando? Puede que sea momento de cambiar de táctica o terminar la entrevista.

¿La persona que entrevista tuvo que decidirse en su mente por una negativa, o simplemente señala que el tiempo ya terminó? Tal vez quieras preguntar alguna pregunta específica sobre el proceso (en voz alta) para ver, por ejemplo, ¿cuál es el próximo paso? ¿Cómo tomarán la decisión?

Entonces la pregunta que le tienes que hacer a tu mente subconsciente es, ¿abierta o cerrada? Si la respuesta se da de una forma cerrada, probablemente no obtengas el puesto. Si el lenguaje corporal en ese punto es abierto, aún estás en la carrera. Una pregunta más audaz en la misma situación podría ser preguntar, ¿cómo podría estar por encima de los otros aspirantes?

¡Prepárate para ambas respuestas, la que quisieras escuchar y la que no!

Debido a que los adultos se vuelven más o menos hábiles en controlar sus caras y la parte superior del cuerpo; vale la pena mirar las piernas y pies para observar señales contrarias interesantes. A menudo alguien ha controlado su rostro en un saludo amistoso, pero sus piernas y pies (y también el torso) podrían contar una historia distinta. Las piernas podrían estar cruzadas en otra dirección, señalando un lugar cercano, o el torso podría estar en otra dirección, la otra persona simplemente se alejará, aunque sea levemente.

Sinceridad odeshonestidad

¿Qué pasa con las mentiras?
El mejor modo de obtener un indicio sobre una pregunta difícil al encontrar una mentira está dentro de la mente subconsciente. Observa toda la cara y el torso, y pregúntate, ¿sincero o deshonesto? Luego deja que tu mente subconsciente funcione. Es muy buena al discernir la visión de conjunto de una expresión consistente. Por ejemplo, la boca está involucrada al sonreír, ¿pero los ojos son fríos? Deshonestidad.

El siguiente lugar más importante para observar luego del rostro es la dirección de la cabeza. La mayoría de nosotros, cuando miente, desvía la cabeza hacia otra dirección o la mueve arriba y abajo para desviarla de la otra persona.

Es por esto que no debes enfocar

demasiado en gestos específicos, sino dejar que tu mente subconsciente obtenga información de la situación general.

Si miras demasiado a los ojos, por ejemplo, tal vez te pierdas el hecho de que la cabeza mira hacia abajo y hacia un lado. Entonces, nuevamente, pregúntate si esta persona está siendo sincera o deshonesta. Y luego considera toda su persona, podrás determinarlo en la mayoría de los casos.

Para quienes se enfocan en los detalles, querrás saber algunos de los dichos específicos, de todas formas. Más allá de los ojos y el rostro, observa el torso cuando se dirige en otra dirección (mentira) o hacia ti (verdad). Observa si hay gestos defensivos de las manos o brazos y señales de agitación de las manos y dedos.

A su vez, observa comportamientos contradictorios de las piernas y pies. Si tu pareja dice: "No, todo está bien," pero sus pies se orientan extrañamente hacia otro lado, o si sus piernas están cruzadas de forma complicada, son señales para detenerse en ocasiones posteriores.

También escucha señales de presión en la voz. Si la voz está controlada cuidadosamente o tiene un tono más elevado que el usual, la persona puede estar disimulando algo.

El mejor experto del mundo en mentiras, Paul Ekman, ha descubierto que las personas que mienten desaceleran (en un esfuerzo por controlar) su voz, inclusive sus gestos faciales y otros modismos. Pero las personas ordinarias corren para salir del momento en que se sienten incómodos. Así que la cuestión principal a la que prestar atención es la variación de la norma, que deberías conocer bien.

Identificar a un mentiroso en un grupo de extraños es un ejercicio completamente diferente. Ekman se ha especializado en detectar expresiones mínimas que señalan emociones ocultas subyacentes. Pero es una ciencia imprecisa (no como la, divertida pero imprecisa, serie de TV 'Miénteme') porque sin demasiado detalle, no se sabe bien porqué la persona está ocultando sus emociones. ¿Es miedo? ¿Bronca? ¿Entusiasmo? Para entenderlo, tienes que conocer más a la persona y eso lleva tiempo.

Aliado u opositor

¿Cómo puedes saber si alguien está de tu lado o no? El lenguaje corporal básico para observar y determinar si la persona es aliada u opositora es su postura física general – su orientación. Esto hace que a las personas les entretenga mirar. Una vez que estás observando este aspecto de la conducta, lo encontrarás fácil de identificar.

Muy simple, las personas que están de acuerdo tienden a imitarse uno al otro. Uno guiará, y el otro lo seguirá. Esto es fácil de determinar si hay, por lo menos, tres personas presentes; y quieres saber quién está de tu lado y quién no. Observa a la persona que tenga la misma orientación del cuerpo que tú. Para probarlo, muévete y mira si la persona te sigue apropiadamente en los siguientes treinta segundos.

Las parejas, compañeros y amantes generalmente se imitan mutuamente en la dirección física del otro. Es interesante observar a las parejas por señales de imitación — y su opuesto. A menudo, puedes detectar problemas en una relación antes de que la pareja se dé cuenta.

Qué sucede si la imitación es más profunda que sólo el acuerdo o incluso la conexión. La persuasión es una actividad tanto emocional como intelectual, proviene profundamente del cerebro. Cuando acordamos con alguien, lo hacemos con todo nuestro cuerpo. Puedes utilizar esto para dirigir acuerdos y crear persuasión. Adopta una postura y observa que los demás lo hagan. Una vez que lo hayan hecho, cámbiala sutilmente. Si los demás lo hacen, estás en vías de persuadir a quienes están allí.

Si controlas el lenguaje corporal en ese ambiente estarás creando y probando tu fuerza de persuasión (o falta de la misma). La razón es que el cuerpo de las personas les indica lo que están pensando, no lo contrario. Contradice el sentido común pero es verdadero. Nuestras mentes básicamente dicen eso, estoy alineada físicamente con esta persona, entonces debe estar de acuerdo. Eso se debe a que no nos gusta pensar que actuamos sin motivo alguno.

Debes utilizar este control de la orientación física de otra persona con sofisticación y sutileza. Debe combinarse con una serie de pasos que incluyen otros tipos de construcción de concenso. No funcionará simplemente adentrarse en un ámbito, adoptar una posición física, y esperar que todos los demás adopten tu postura intelectual también.

Primero, hay que construir acuerdo al adoptar sus posturas, lidiar con sus preocupaciones, y en general construir tu apertura hacia ellos y la de ellos hacia ti. Realiza este trabajo cuidadosamente mientras estés hablando de cuestiones importantes para la situación dada. Lo que estás haciendo es alinear ambas conversaciones y utilizarlas para persuadir a los demás.

Lleva una práctica considerable hacerlo con sutileza y efectividad, pero una vez que te perfeccionas, encontrarás que tu habilidad para persuadir a otros se incrementará realmente.

Poderosoo servicial

La historia de poder en un ámbito está escrita en espacio y altura. Observa a los alfa, será la persona más alta si es posible. Es por esto que los reyes y las reinas han tenido tronos sobre tarimas desde que comenzaron a gobernar a otros.

Solía preguntarle a los CEO con quienes trabajaba para probar esto al citarlos en un lugar con una mesa de conferencias amplia y que el CEO fuera una figura bien visible en el centro. Los CEO generalmente toman el centro de la mesa, y a veces la cabecera, para expresar su poder de alguna forma.

Luego, instruí a un CEO a sentarse bien alto en su sitio desde un comienzo, pero luego bajar gradualmente en la silla para deslizarse muy, muy suavemente. Imperceptiblemente, de hecho, para la mente consciente. El resultado: aquellos en la habitación que querían expresar su servicio al CEO inconscientemente se deslizaron hacia abajo para quedar a la misma altura. El CEO me informó que apenas pudo contener la risa a medida que observaba a los demás en la mesa que se deslizaban hacia el piso.

Las personas poderosas también toman más espacio: extienden sus piernas, o sus brazos, u acaparan más espacio en la habitación. Es por eso que las personas importantes toman habitaciones de hotel más amplias que los demás, y es por esto también que las personas altas son estadísticamente más propensas a llegar alto en sus profesiones que las más bajas.

Las personas poderosas emplean una multitud de señales más sutiles para su dominación, al interrumpir a los demás mortales antes de que hablen más o entregarse a pausas más prolongadas. Establecen mayor contacto visual, o menor, dependiendo de su voz. De hecho, dominan el contacto visual y físico – además de todo el ballet de la conversación secundaria.

Es por esto que se requiere de entrenamiento antes de encontrarse a la Reina Elizabeth, y cuando te retiras, aparentemente tienes que sustraerte de la habitación. Todo ello es simplemente para expresar su autoridad sobre los demás.

Las personas poderosas tal vez tengan que retirarse físicamente de la conversación, controlando el tempo y demostrando su poder con esta habilidad. He observado personas en las reuniones que se inclinan hacia atrás y colocan sus manos detrás de su cabeza para expresar su superioridad sobre el resto. Es arrogante pero efectivo.

El poder en una exhibición no verbal se trata de controlar tu comportamiento y el de otros. Una vez más, esto es algo con el cual tu inconsciente está exquisitamente armonizado. Sabrás inmediatamente cuando estés ante la presencia de alguien que cree en su poder debido a todas las señales que he descripto, de las cuales eres parcialmente consciente.

Comprometidoo no comprometido

Cuando hay compromiso es el momento en el que se cierra una venta, se firma un contrato, se obtiene un trabajo, se sigue adelante. Es un momento crucial, y es esencial ser capaz de identificarlo para no cometer un error inoportuno.

¿Cómo se lo puede identificar?

Cuando la persona está comprometida, se inclina hacia ti. Son abiertos, a veces serviciales, siempre sinceros y generalmente bien alineados. Comienza con los ojos, están bien abiertos y enfocados hacia ti; el rostro también es abierto, y en general estará cerca del tuyo. Cerrar la venta es generar proximidad. Es por esto que los representantes de ventas de autos constantemente estrechan la mano. Están intentando construir compromiso a toda costa, y saben que la mente sigue al cuerpo.

El torso es abierto y cercano a ti, más que si no hubiera compromiso. No hay conversación oposicionista de las manos y los brazos, piernas y pies. La persona o las personas pueden estar imitándote si es posible en estas circunstancias.

El acto del compromiso suele estar señalado con un cambio en el lenguaje corporal, indicando que se ha tomado una decisión. Búscalo – el sí o el no.En ese punto, pon tu mente subconsciente a funcionara toda potencia. Pregúntate,

¿esta persona está comprometida? Sabrás rápidamente si observas todo el efecto positivo que he descripto – o su opuesto.

Principalmente, te sentirás cómodo. El compromiso es un estado positivo, y debido a que somos criaturas sociales, a los humanos nos gusta alcanzarlo. Estamos incómodos cuando no existe. Así que lo puedes detectar por el nivel general de comodidad cuando lo alcanzas. Ese es tu inconsciente diciéndote, sí, está bien. ¡Van a seguir con esto!

En esencia, el compromiso es una clase de conexión, y una que nos hace sentir bien. Lo sabrás cuando lo experimentes, si trabajas con tu subconsciente. Cuando no está allí, las personas expresan su disconformidad con toda clase de agitación, lenguaje corporal disonante e intentos de huida.

Por supuesto, algunas culturas encubren estos momentos incómodos con exceso de acuerdo, lenguaje corporal positivo e intentos superficiales de compromiso.

Las primeras veces que los occidentales hacían negocios en Asia, por ejemplo, solían encontrarse malinterpretando la amabilidad asiática y deseando salvar el momento para el compromiso. Este es un momento en el que la experticia inconsciente puede defraudarte. Los estudios demuestran que el lenguaje corporal básico es inicialmente el mismo alrededor del mundo, pero puede estar rápidamente cubierto con un lenguaje corporal determinado culturalmente momentos después. Sin mucha práctica, las diferencias pueden ser difíciles de identificar.

Este no es el lugar para una discusión extensa de las diferencias culturales, pero hay excelentes y numerosas referencias a este respecto. Lo mejor es tomar las culturas una por una; cuando estés por visitar una cultura en particular, más que aprenderlas todas a la vez. Precisamente porque el lenguaje corporal que enviamos está condicionado profundamente por nuestra crianza, si no es biológico, es difícil de cambiar.

Definición de autoconfianza

La autoconfianza es una actitud mental de creer, confiar y contar con uno mismo y las propias habilidades. También se puede definir como la seguridad en el propio poder y el juicio personal.

La verdadera confianza en uno mismo se trata de sentirse cómodo aún en situaciones con resultado incierto o incertidumbre en general. Una falta de autoconfianza se denomina baja autoestima, timidez o retraimiento.

"¡Cree en ti mismo! ¡Ten fe en tus habilidades! Sin una humilde pero razonable confianzaen tus propios poderes no puedes ser exitoso y feliz."

Norman Vincent Peale

Una baja autoestima puede ser uno de los obstáculos que la gente necesita superar para desarrollar su personalidad al siguiente nivel, alcanzar avances en su carrera y lograr sus objetivos personales y visiones de vida. Una falta de seguridad y la negación de construir autoconfianza puede confundir todos tus otros esfuerzos e intentos de lograr el éxito.

¿Qué es la verdadera autoconfianza, la principal?

La verdadera autoconfianza o la principal está acompañada de una actitud 'lo que sea que conlleve', donde te prometes tratar tan fuerte como puedas en alcanzar tus ambiciones y objetivos, sin importar cuán difícil sea lograrlos.

¿Cómo obtener autoconfianza y cómo mejorar tu autoestima?

Tengo un mensaje muy positivo para ti: absolutamente ninguna persona ha nacido con alta autoestima. De hecho: sólo una pequeña fracción de sus características son heredadas – la mayor parte la impone la sociedad, nuestros progenitores y amigos, o simplemente la desarrollamos nosotros mismos. Desafortunadamente también podemos adoptar mucha mentalidad y características negativas en nuestro entorno, inclusive falta de confianza.

Más aun, también es cierto que la confianza de alguien puede cambiar como resultado de un suceso (un niño dependiente toma responsabilidad por sus hermanos luego de que sus progenitores mueren; una persona confiada que tiene mucha fe en sí mismo se vuelve temeroso de otras personas luego de que le han robado brutalmente).

¡Esto prueba que nuestras características no están determinadas por nuestros genes; pueden cambiar drásticamente por circunstancias estresantes o ser desarrollada a un nivel más positivo!

El hecho de que la autoconfianza positiva no sea heredada es una gran noticia para todos los que quieran desarrollar confianza y mejorar la autoestima ya que este ambicioso desarrollo personal puede ser un éxito, si se aplican métodos y estrategias adecuados. Como consecuencia podrás cambiar cada aspecto de tu personalidad hacia uno más positivo.

Actitudes autolimitantes y autorestrictivas

Cada individuo que quiere mejorar su autoestima puede tener éxito, ya que nuestra autoconfianza no está genéticamente determinada.

Desafortunadamente, muchas personas

tienen actitudes extremadamente autolimitantes y creen que "esa es su forma de ser, es su carácter" como también "simplemente me mantengo fiel a mí mismo", lo cual limita sus chances de tener éxito al construir la autoconfianza.

¡Si realmente quieres incrementar tu autoestima y desarrollar una autoconfianza importante, necesitas prevenir estas actitudes autorestrictivas que influyan en tu conducta!

Necesitas ser consciente de...

No hay nada mágico que te permita obtener una autoconfianza importante dentro de una semana o algo así. Construir autoestima requiere mucho esfuerzo, compromiso, dedicación y entusiasmo de modo que necesitas invertir en tu desarrollo. ¡Si haces lo necesario el retorno de la inversión te sorprenderá!

Tienes que tener la mente abierta y estar motivado para implementar las siguientes técnicas en tu vida (¡imagina cómo será tu vida con mucho más respeto hacia ti mismo y autoseguridad; esto incrementará tu motivación drásticamente!)

¡Descubrir tu identidad!

Saber quién eres exactamente; quien quieres ser y que quieres alcanzar en tu vida es una característica esencial de verdadera autoestima. En oposición a esto: una falla al descubrir características y habilidades positivas es un atributo que muchas personas con baja autoestima tienen en común. En cambio ellas sólo reconocen características negativas y las visualizan repetidamente.

Por lo tanto, quiero que descubras tu identidad con todas tus características positivas, incluyendo destrezas y habilidades: ¡toma un papel o un block de notas y escribe todas las características que tú y otras personas (tus amistades) les gustan de tu personalidad!

¡Puedes escribir tantas características positivas sobre ti como quieras! ¡Cuánto más aspectos positivos descubras mejor!

¿Qué clase de valores, actitudes y características querrías desarrollar en el futuro?

Como en la pregunta 1, ¡puedes tomar un papel y escribir todas esos valores por los que quisieras que te conozcan! Estoy seguro que encontrarás muchas características que quisieras desarrollar; para incrementar tus resultados escribe actitudes y valores de personas famosas que quisieras conocer (como Bruce Willis, James Bond, Batman, etc). Evalúa las razones exactas por las que te gustaría hacer amistad con estos personajes – ¿qué esperarías de tal amistad?

Repite el paso número 2, ¡con al menos dos famosos y/ o personalidades ficticias!

Explicación: todos los valores y características sobre las personas famosas que escribiste son muy atractivos y se buscan en otros.comienza a desarrollar estas actitudes y valores en tu personalidad, así finalmente tienes las mismas o similares características que esperabas de una persona famosa, que arreglarán tu modo importante de autoconfianza.

Un consejo para alcanzar una autoconfianza importante es empezar a implementar los siguientes "pasos hacia la autoconfianzapara construir confianza y autoestima":

No juzgar: esmuy importanteque no te juzgues a ti mismo; ¡ni siquiera intentes juzgar a otros! ¡El auto juicio puede ser muy destructivo, especialmente cuando te juzgas continuamente a ti mismo!

Ser independiente: ¡Tienes que ser independiente de lo que otros piensen de ti! La mayoría de las personas que no son confiadas tratan todo lo que pueden de ser "simpáticas y divertidas" en su entorno. De hecho su conducta sólo será reconocible por su necesidad o extrañeza.

Ser desapegado: Vuélvete desapegado a la crítica injustificada. Esta clase de crítica demuestra que estás haciendo las cosas bien. De otro modo los demás no estarían tan dispuestos a confrontarte con su crítica injustificada.

Hábitos que alentarán confianza:Imaginasólo por unos segundos a una persona con una importante autoconfianza. ¿Se comporta como si estuviera estresada o agitada? ¡Estoy segura de que no lo estará! Estará preparada para ese día. Las personas confiadas viven sus vidas en forma serena y relajada, siempre listas para los desafíos de su vida y sin temer cuando una situación estresante desconocida ocurre. El modo en que te comportas tendrá un efecto considerable en otros; aunque sea positiva o negativamente.

¡Presta atención a cómo te comportas! Las personas con alta autoestima tienen un nivel alto de consciencia de cómo se comportan y cómo los demás podrían considerar su conducta. Un lenguaje corporal de autoconfianza, el modo en que hablas y tu expresión facial, no sólo mejorará tu relación con otros, sino que te permitirá también alcanzar una importante autoconfianza.

La principal autoconfianza mediante la independencia

Ser muy confiado significa que te has liberado de intentos de búsqueda de valoración externa, reconocimiento y admiración de otros.La verdadera autoconfianza es también independiente de la opinión de otros y poco probable que esté influenciada por su negatividad. La verdadera autoestima viene desde adentro; el conocimiento y la apreciación de las habilidades y características propias.

La influencia del subconsciente

Tu subconsciente tiene acceso a todas tus experiencias y ocurrencias que están almacenadas en tu memoria. Si vas a preguntarte cuestiones como ¿Por qué no tengo confianza? Tu subconsciente buscará una respuesta a tu pregunta en tu memoria y te traerá una vivencia pasada. Debido a la pregunta tu subconsciente te traerá muchas situaciones negativas del pasado que te confirman tu baja autoestima. Esto básicamente significa que estás fortaleciendo tus creencias negativas al preguntar cuestiones similares a la ya mencionada.

El truco es preguntarte cuestiones formuladas en forma positiva, que no pueden ser contestadas desde tu subconsciente con creencias negativas y experiencias del pasado:

¿Cuándo me he sentido con mucha autoconfianza?

¿Qué es lo que a otras personas les atrae de mí?
¿Qué me gusta de mi personalidad?
¿Qué es lo que me hace especial?
¡Observa lo que contestas!
¿Alguna vez has notado que te sientes muy incómodo cuando hablas de temas que están muy cargados de emociones negativas? La razón para esto es que asociamos palabras específicas tanto a emociones positivas como negativas. Las palabras negativas te harán sentir incómoda o depresiva; por lo tanto es importante que comiences a identificar estas palabras y cambiarlas por palabras más positivas:

No tengo autoconfianza. -> ¡Actualmente estoy incrementando mi autoconfianza a otro nivel!

Estoy muy enojado. -> Estoy un poco fuera de mí.

Tengo muchos problemas. -> ¡Hay muchos desafíos en mi vida que voy a lograr!

Comportarse en forma reactiva a la conducta de otros permite que las influencias externas afecten tu estado de ánimo en forma negativa. Aún peor: estas influencias pueden también afectar tu autoconfianza.

En contraste, ser una persona proactiva que toma el control a lo largo de su vida y expresa claramente sus objetivos se empodera a sí misma y gana autoestima.

¡Detén la imaginación negativa!

Cuando las personas están temerosas de algo, lo más probable es que imaginen todo tipo de resultados negativos que puedan pasar. Esto no sólo es muy negativo ya que incrementará su miedo sobre los sucesos, pero también incrementa las chances de que lo imaginado ocurra. Así que en caso de imaginarte a ti mismo comportándote extremadamente inseguro y sin confianza debido a tus creencias negativas deberías comenzar a cambiar activamente tu imaginación hacia algo más positivo una vez que comiences a actuar con mayor autoconfianza.

Afirmaciones positivas para la autoconfianza

Las afirmaciones positivas para la autoconfianza pueden ayudar a mejorar la autoestima drásticamente y promover la confianza, cuando se lo aplica apropiadamente.

Guía corta de afirmaciones positivas para la autoconfianza:

¡No utilices palabras inapropiadas! Presta atención a las palabras que estés utilizando en tus frases para no utilizar palabras asociadas a emociones negativas.

El estado mental apropiado: ¡asegúrate de estar en el estado mental apropiado cuando comiences tus afirmaciones! Es necesario que estés relajado y te sientas cómodo.

¡Escribe tus afirmaciones!

¡Visualiza tus afirmaciones!

A continuación te mostraré algunas afirmaciones positivas muy útiles para la autoconfianza:

"Estoy agradecida de ser una persona confiada y extravertida."

"¡Tengo fe y confianza en mí misma!"

"¡Puedo manejar fácilmente los desafíos que enfrento en la vida!"

El lenguaje corporal de una persona refleja su confianza. Una persona que no confía en sí misma evitará el contacto visual y el contacto físico con otras personas, hablará con poco aire y caminará con los hombros caídos.

Una persona que claramente demuestra con su lenguaje corporal ser no confiada también se considerará por otros como alguien que no tiene confianza, lo cual incrementará sus dudas y su propia consciencia.

Mientras que la mayoría de las personas saben que el lenguaje corporal de una persona refleja su estado de seguridad; no están conscientes de que un cambio en su postura y del lenguaje corporal puede tener mayor impacto en la consciencia de sí misma.

Para incrementar este efecto positivo en el lenguaje corporal y en la autoestima podrías imaginar cómo la persona con alta autoestima se movería, miraría y reaccionaría. ¡Trata de adoptar su lenguaje corporal y sentir los efectos positivos en tu confianza! La próxima vez que enfrentes esa situación donde te comportas normalmente de manera no confiada deberías tratar de recordar la conducta de la persona famosa favorita.

Citas de autoconfianza y autoestima:
"Me llevó mucho tiempo no juzgarme a través de los ojos de alguien más." ~ Sally Field
"Ya sea que pienses que puedes o que no – tú estás bien." ~ Henry Ford
"Una persona exitosa es alguien que puede establecer un fundamento firme con los ladrillos que otros le tiran." ~ David Brinkley
"No es quién eres que te retiene, es quién crees que eres." ~ Unknown
"Estoy convencido que toda la humanidad ha nacido con más dones de los que sabemos. La mayoría ha nacido para ser genio y se han vuelto genios rápido." ~ BuckminsterFuller
Ser un líder no es lo mismo que ser un gerente. Y mientras buscamos cualidades

que un verdadero líder tenga, consideremos cómo ser mejores líderes – especialmente para quienes no son lo suficientemente afortunados para "nacer líderes".

Porqué la comunicación es importante

Antes de comenzar a aprender cómo comunicarnos mejor, necesitamos primero entender porque la comunicación es importante en nuestras vidas. La comunicación es un componente esencial en nuestras vidas, ya que la necesitamos todos los días. Se ha estimado que el 75% del día las personas se están comunicando de alguna manera. La comunicación es importante también en los negocios.

Un estudio de 480 compañías realizado en 1998 encontró que los primeros empleadores en el ranking de habilidades de comunicación estaban dentro de las cualidades del personal deseable para futuros empleados. Además, en una encuesta los reclutadores de las compañías con más de 50000 empleados, aparecía la habilidad de comunicarse como el único factor decisivo más importante al elegir gerentes.

La comunicación es importante en nuestras vidas. De algún modo, la comunicación es como respirar. No puedes vivir mucho tiempo sin respirar y tampoco puedes sobrevivir mucho sin comunicarte. Esta es el hilo con el cual te atas al mundo y el mundo a ti.

Primero consideremos el rol de la comunicación en nuestro trabajo por ejemplo. Como empleado, nunca trabajas en un vacío. Siempre trabajas con y rodeado de gente. Las acciones del día a día como pasar información y hacer informes, todo involucra de alguna manera u otra a la comunicación. Entonces, cuán bien te comunicas afectará cuánto éxito tengas. Así que ahora que hemos establecido cómo afecta la comunicación al éxito (la importancia de la comunicación), examinemos los cuatro objetivos de la comunicación.

Cuatroobjetivos de la comunicación

1. Sercomprendido

2. Ser aceptado
3. Haber tenidoalgúnlogro
4. Entender a los demás

Primero, comencemos por considerar el objetivo fundamental de la comunicación.

Sercomprendido

Esto significa comunicar un mensaje a otra persona de modo que sepa exactamente lo que quieres decirle. Estos podrían ser hechos, intenciones o incluso sentimientos.

Palabras e ideas que parecen tan claras por sí mismas, podrían ser comprendidas de muchas maneras diferentes por diferentes personas.

Por lo tanto, es importante ser conscientes de este hecho, y tomar el esfuerzo extra para considerar tu audiencia y clarificar tu posición si es necesario.

Consideremos una situación típica que ocurre en muchos hogares. Un marido y su mujer han acordado irse de vacaciones. Sin embargo, la misma palabra, "vacaciones," puede significar cosas diferentes para diferentes personas. Por ejemplo, en nuestro ejemplo entre marido y mujer, su mujer puede pensar que las vacaciones son una estadía en un hotel lujoso mientras que el marido puede pensar que son un día de camping o de golf.

Las palabras y las ideas que parecen tan claras por sí mismas pueden ser comprendidas de diferente manera por diferentes personas. Por lo tanto, es importante prestar atención al siguiente hecho, y tomar ese esfuerzo extra para considerar tu audiencia y clarificar tu posición si es necesario.

Seraceptado

¿Quésignifica "seraceptado?"

Significa que las personas estén de acuerdo contigo, o al menos te escuchen seriamente. Esto podría sorprender a algunos de ustedes, pero en realidad que tu mensaje sea aceptado no ocurre con tanta frecuencia como podrías suponer. Muchas cosas bloquean la aceptación. Estas cosas pueden incluir desconfianza, falta de empatía o incluso un estado mental fuera de foco.

Habertenido algún logro

Consideremos un ejemplo común. Tienes algo que se tiene que llevar a cabo rápidamente, y necesitas preguntarle a alguien en quien puedas confiar para que lo haga por ti. Piensas que John es el indicado y estásbajomuchapresión y no puedeshacerlo.Así que recurres a John para que te asista.

Te sorprende cuando te demuestra que no quiere ayudarte.

¿Qué pasó? Una situación como esta podría tener lugar. Qué dices...

"John, estoy utilizando mi máquina para terminar este trabajo en el cuál estoy retrasado. ¡Mi supervisor me dio otro trabajo para terminar hoy! No voy a terminar nunca. Ya tengo que quedarme trabajando hasta tarde para terminar el primero. ¿Podrías ayudarme a hacerlo en tu máquina para mí?"

Qué es lo que John podría haber 'escuchado'. "John, aquí hay un trabajo sucio que mi jefe me ha asignado. No quiero que me demore y tumáquinapuedehacerlo.Tus planes para el día de hoy no me importan, sólo ayúdame y haz este trabajo por mí." Tu tono puede haber hecho sentir a John que lo has usado. Tal vez algo que le pediste hacer en el pasado lo dejó resentido, o tal vez tiene problemas personales que pesan más en su mente.

De cualquier modo, no "escuchó" demasiado con su mente sino con sus emociones. Y como no te "escuchó" correctamente, no lo aceptó. Ponerse en acción involucra más que simplemente 'preguntar' o 'decir'. Cuando utilizamos una máquina, todo lo que tenemos que hacer es apretar botones. Con las personas, generalmente tendrás que explicar, convencer y continuar con el vínculo.

Entender a los demás

Entender a otras personas es un aspecto importante de la comunicación. Para poder comunicarse exitosamente, tendrás que saber mucho sobre la persona con quien estés hablando, cómo son, qué clase de acercamiento les gustaría más o qué ideas podrían llegar a tener en mente... etc.

Puedes acercarte a esto estudiando a los demás y alentarlos a comunicarse contigo, siendo consistentemente amistoso y cercano.

Entonces, para recapitular todo lo ya mencionado, hemos establecido que la comunicación afectará cuánto éxito tendrá la misma. De modo que es importante ser competente en los aspectos de la comunicación y entender los cuatro objetivos de la misma.

Ralph Waldo Emerson una vez dijo: "Los buenos modos están compuestos por pequeños sacrificios." Entonces, las buenas habilidades de comunicación están compuestas por pequeños sacrificios.

El camino para desarrollar mejores habilidades de comunicación interpersonal

Solía pensar sobre las personas que tienen excelentes habilidades de comunicación interpersonal, sabes, del tipo que podría relacionarse bien con todos y cualquiera que se encontrara, y pensaba para mí, "Guau, cómo me gustaría haber nacido con dichas magníficas habilidades de comunicación.

¡Yo estaba en un error!

¡Las habilidades de comunicación interpersonal pueden desarrollarse!

¿Te sorprende esta afirmación?

La comunicación interpersonal es el proceso de desarrollar una única relación con otra persona al interactuar e influenciarse mutua y simultáneamente. Es un aspecto importante del carácter que cualquier persona debe desarrollar, lo que este libro ha tratado repetidamente de enfatizar. Sin embargo, pocas personas le dedican el debido tiempo y esfuerzo a mejorar esta habilidad a pesar de su importancia.

Por lo tanto, ¡a continuación presentamos cinco estrategias puntuales para asistirte a comenzar esta mejora en tu comunicación interpersonal, hoy!

Estar muy informado y saberlo

Solía creer que las habilidades de comunicación eran innatas, lo que significa que se tienen o no al nacer. Ahora, me doy cuenta que estas habilidades de comunicación se aprenden y se desarrollan.

Las personas con la mejor habilidad de comunicación interpersonal generalmente tienen conocimientos amplios sobre el tema, a través de una combinación de experiencias vividas junto con principios muy inclusivos que involucran a la comunicación interpersonal.

Hay muchas reglas, y muchos pequeños detalles involucrados en la comunicación interpersonal que a las personas normales les podría llevar mucho años de cometer estupideces que alguien muy informado podría evitar fácilmente. Un conocimiento extensivo de las habilidades interpersonales es definitivamente el primer paso en tu desarrollo.

Tales principios de comunicación pueden aprenderse en la red concentrándose en los variados aspectos de la comunicación interpersonal como: *"Este conocimiento te llevará directamente al paso 2."*

Tener habilidades

¿Leer un libro sobre boxeo te hará un gran boxeador de la noche a la mañana?

No es suficiente saber los principios de comunicación interpersonal nada más. Tendrás que practicar en la vida real también antes de poder internalizarlo. Puedes saber todo lo que hay que saber sobre el entrenamiento con pesas pero seguir siendo débil como antes si no lo pones en práctica.El mismo principio se aplica al desarrollar las habilidades interpersonales.

Aplicar los principios a la vida real será complejo; por lo tanto tendrás que emplear el paso número 3.

Estar motivado

Tendrás que estar motivado y continuar así para poder desarrollar tus nuevas habilidades interpersonales. Las mejoras en tu carácter no aparecerán de la noche a la mañana, sólo con la práctica y a lo largo de un período de tiempo.

Necesitas estar motivado y darle continuación al desarrollo de tus nuevas habilidades interpersonales. Las mejoras en tu carácter no se darán de la noche a la mañana, sino en un período de tiempo y practicando. Sólo con la aplicación determinada de los principios fundamentales de las relaciones interpersonales, en la vida diaria, la persona será capaz de mejorar.

Ser flexible

Cada situación es única y con muchas variables diferentes a considerar. Por lo tanto es importante ser flexible en la aplicación de los principios de la comunicación interpersonal. Algo que podría funcionar en la situación A podría no funcionar en la situación B.

Necesitamos ser abiertos y que el mismo conjunto de habilidades no es siempre aplicable a todas las situaciones, requerirá adaptar nuestras respuestas acorde a la situación que se dé.

Estar orientado hacia los demás

El ser humano típico gasta la mayor parte de su tiempo libre concentrado en sus necesidades individuales. Esto es natural;

sin embargo, cuando nos concentramos exclusivamente en nosotros mismos, resulta difícil comunicarse efectivamente con otros. Podríamos ser capaces de señalar pero no de continuar. Estaremos eternamente interesados en nosotros mismos, pero la persona capaz de anteponer las necesidades del otro será capaz de ganarse el corazón de los demás.

Concentrarse en los demás significa considerar las necesidades e intereses ajenos por encima de los propios, y ayudaría a convertirse en un mejor comunicador interpersonal.

Entonces, los siguientes 5 enunciados te asistirán en tu camino a convertirte en un mejor comunicador al poseer mejores habilidades de comunicación interpersonal. Pronto estarás en camino de ganar amigos e influenciar a los demás.

Establecer habilidades de comunicación efectivas

Las habilidades de comunicación efectivas son realmente importantes, no sólo en nuestras relaciones interpersonales sino también dentro de los ámbitos laborales. Afortunadamente, las habilidades de comunicación pueden ser aprendidas a la vez que mejoradas durante un período de tiempo.

Si aplicas las siguientes cinco técnicas de la comunicación efectiva, lograrás mejorar tus relaciones interpersonales así como también un destacado ámbito laboral exitoso.

Escuchar atentamente

Es irónico que la habilidad pasiva de la escucha sea un componente esencial de la buena comunicación. La escucha concentra tu atención en la otra persona, permitiendo que tus interacciones estén centradas en los demás.

La escucha también permite que otras personas logren concluir sus pensamientos, entonces esto podría provocar que quieran retroalimentar esa atención a lo que tienes que decir. Escuchar también tiene el valor agregado de proveer el tiempo necesario para dar el siguiente paso.

Hablar lenta y claramente
El próximo paso para una mejor comunicación es hablar claramente a un ritmo adecuado. ¿Has conversado con alguien que continuamente corre de una manera incomprensible? Puedes evitar eso dando marco a los pensamientos de forma clara y concisa.

Cuando hables, no corras; habla lentamente, de forma clara y tono lógico. Con la diversidad de nacionalidades en el ámbito laboral global, hablar claramente se vuelve más importante en la comunicación de pensamientos e ideas en el ámbito laboral.

Si tienes la tendencia a estar nervioso cuando hablas, prueba este consejo. Imagina a la persona con quien estás hablando es un niño pequeño, y que estás tratando de explicarle algo simple. Esto te ayudará a reducir la tensión nerviosa de tu voz. Sin embargo, trata de evitar sonar condescendiente.

Ser considerado
Siempre presta atención a los sentimientos de la otra persona. Habla en términos de los intereses de la otra persona. No divagues sobre algo que la otra persona no está interesada. Sonríe y mantén buen contacto visual.

Brindar elogios
Todos queremos sentirnos apreciados, y también quienes son capaces de dar este reconocimiento serán extremadamente valorados. Un elogio, dado en forma sincera, es un modo simple y efectivo de crear vínculos con cualquier individuo que quieras. No cuesta nada, y tiene un infinito valor para la persona que lo recibe. John Maxwell, líderexperto tiene la regla de los30 segundos. Bríndale a la otra persona un elogio sincero dentro de los 30 segundos que la has conocido.

Tener confianza
La confianza te ayuda a comunicarte de muchas formas. Las personas disfrutan al comunicarse con otras personas que se

muestran seguras. Mantén el contacto visual, sonríe. Inicia el contacto con la otra persona si es tímida. Muestra tu personalidad.
Se atento con estas cinco técnicas que destacan los principio básicos de la comunicación interpersonal la próxima vez que interactúes. Las habilidades interpersonales son muy importantes en nuestra vida cotidiana. Con el tiempo y la práctica, definitivamente serás un comunicador más efectivo y exitoso.

Liderazgo

Ser un líder es una forma de vida, no un puesto de trabajo. Los líderes surgende diferentes modos de vivir, en todas las formas y tamaños; todos los niveles de organización. Un líder te inspirará y alentará a mejorar. Un gerente o un jefe tal vez te haga simplemente enojar. Sin importar los sentimientos que el líder genere, una cosa suena verdad – un buen líder te inspira a la acción.

Afortunadamente, las habilidades de un líder pueden ser cultivadas. Considera los siguientes 11 consejos para mejorar tus habilidades de liderazgo para convertirte en un mejor líder y piensa sobre los modos en que puedes implementar estas estrategias en tu vida diaria para que funcionen – ¡garantizado!

Tener una visión clara

Tomate el tiempo de compartir tu visión, tu misión y tus objetivos con tu equipo. Tu trabajo como líder es proporcionar una guía clara que tu equipo pueda seguir. Tu equipo también debe entender porqué los objetivos que has establecido son importantes para ellos. Tómate el tiempo de explicarlo, en detalle, por qué y cómo tu visión no sólo mejorará el negocio, sino que los beneficiará a su vez. Incluye a tu equipo en las sesiones sobre planificación estratégica, solicita retroalimentación e involúcralos y convéncelos de tu visión para el futuro de la compañía.

Saber utilizar las fortalezas y los dones

Posees dones únicos y habilidades de liderazgo natural con los que naciste y fortalezas personales que has desarrollado a lo largo de tu vida. Darte cuenta y utilizar estos dones y fortalezas te asistirán para ser un líder formidable.

Serapasionado

Esta es una de las habilidades del líder más importantes.

¿Buscarías a alguien para que te guíe y lidere si no le importa cuidar los objetivos del grupo? ¡Por supuesto que no! Los grandes líderes no sólo se concentran en que los miembros del grupo terminen sus tareas; tienen una pasión y entusiasmo genuinos por los proyectos en los que se involucran.

Comienza pensando en diferentes modos en que puedes expresar tu fervor. Demuéstrales que su progreso te importa. Cuando una persona comparte algo con el resto del grupo, asegúrate de decirles cuánto aprecias esas contribuciones.

Vivirde acuerdo con tu moral y tus valores

Elegir opciones y tomar decisiones en desacuerdo con tu moral y tus valores te deja con una inquietante 'mala' sensación.

Esta sensación impregnada en tu subconsciente entorpece el éxito de tu carrera y tus relaciones. Por otro lado, elegir opciones y tomar decisiones alineadas con tu moral y tus valores te ayuda a tener éxito casi sin esfuerzo como una habilidad de liderazgo clave. Las personas perciben la integridad y naturalmente respetarán tu opinión y liderazgo.

Servircomo modelo a imitar

Los mejores líderes hacen lo que predican. Como resultado, los miembros del grupo admiran a estos líderes y trabajan para imitar su conducta. Si quieres convertirte en un mejor líder, trabaja en modelar las cualidades que quisieras ver en los miembros de tu equipo.

Establecer objetivos definitivos y seguir planes de acción concretos

Tienes que saber cuál es tu destino antes de poder planificar el cómo llegar hasta allí. Para mejorar tus habilidades de liderazgo, primero establece objetivos de vida específicos con plazos apropiados.

Diseña tus objetivos moviéndote hacia atrás desde el fin de tu vida hasta la presente semana. Luego, establece planes de acción que puedas cumplir con el fin de alcanzar el lugar donde deseas estar.

Manteneruna actitud positiva

Nadie respeta a una persona gruñona y negativa. Con una actitud positiva estás observando el lado brillante de la vida. Atraes naturalmente a las personas cuando tienes una actitud positiva. Al ser positivo, liderarás una vida más feliz, al igual que te rodearás de personas positivas. También atraerás mágicamente ofertas y posibilidades emocionantes.

Mejorar las habilidades de comunicación

Tener grandes habilidades de liderazgo incluye ser capaz de comunicar clara y específicamente tu visión, objetivos, habilidades, intenciones y expectativas a otros. Esto también incluye tu habilidad de escuchar lo que otras personas están comunicando consciente o inconscientemente. Para convertirte un gran comunicador, debes esforzarte por mejorar tu habilidad verbal, no verbal y de escucha atenta.

Motivar a otros hacia la grandeza

Los grandes líderes son quienes incluyen a todos en su esfera de influencia al reconocer el mayor valor de cada persona. Ser uno de estos líderes es ver más allá de lo obvio y ver a los demás con intuición y compasión.

Muchos de los mayores líderes a lo largo de la historia han admitido que se elevaron hacia la cima porque otro líder los reconoció y aprovechó su potencial.

Estar predispuesto a admitir y aprender de los errores y debilidades

Enfréntalo – nadie es perfecto, ¡y todos han cometido un error o dos en sus vidas! Los líderes más exitosos saben que la clave del éxito no está en evitar la caída o la falla, sino aprender de los errores. Como un líder fuerte, tendrás que ser capaz también de comunicar tus debilidades a tu equipo, de modo que juntos puedan designar a alguien que se destaque en esa tarea o actividad en particular.

Continuar educándose y mejorándose a si mismo

Los grandes líderes demuestran habilidades de liderazgo efectivas, pero lo más importante, continúan mejorando en cada ocasión que sea posible. Nunca paran de aprender. Sonreceptivos a las percepciones e informaciones de todos alrededor del mundo y más allá. Siempre crecen y aprenden.

La persona que piensa que es una experta tiene mucho más que aprender.